报纸采编考评研究

李增生 著

河南人民出版社

图书在版编目(CIP)数据

报纸采编考评研究/李增生著. —郑州:河南人民出版社,2010.9
ISBN 978-7-215-07277-0

Ⅰ.①报… Ⅱ.①李… Ⅲ.①报纸—新闻采访—考核—研究 ②报纸—编辑工作—考核—研究 Ⅳ.①G212 ②G213

中国版本图书馆 CIP 数据核字(2010)第 148964 号

河南人民出版社出版发行
(地址:郑州市经五路66号 邮政编码:450002 电话:65788036)
新华书店经销 河南永成彩色印刷有限公司
开本 890 毫米×1240 毫米 1/32 印张 7
字数 170 千字
2010 年 9 月第 1 版 2010 年 9 月第 1 次印刷
定价:28.00 元

序

到今天,我从事报纸新闻采编考评工作已经5年。时间不算长,但收获却很丰厚。

从事这项工作,使我有更多时间读书、思考,静心研究新闻报道的得失。经过几年的思考、研究,日积月累,得以成就《报纸采编考评研究》这本著述,这是我近期的最大收获。

从事这项工作,使我比较超脱,能够以冷静的目光来审视新闻报道。此前多年办报,在一线操作报道,是生产者;现在从事考评,不直接操作报道,成为评价者。生产者和评价者,如同艺术家与鉴赏家,尽管联系紧密,但却是两个不同的行当。作为评价者,我有了与生产者些许不同的感受,少了些"敝帚自珍",少了些"自娱自乐",总之是少了些"当事者迷",愈加意识到问题的所在。

报纸采编考评的专业性很强,与普通读者评报有很大区别。从事采编考评,不仅要从宏观或微观层面评价报道绩效,还要阐明机理,与采编人员互动,从专业技术角度总结得失,发现规律,以促进报纸质量提高。这对考评者素质要求很高。在实践中,我深切体会到,素质要求最重要的有两条:一是要有丰富的新闻实践。"操千曲而后晓声,观千剑而后识器",只有实践丰富者,才能更好地认知新闻报道,了解其中的奥妙。二是要有较为深厚的理论素养。采编考评既评价新闻文本质量,也评价文本操作者的工作绩效,对准确性要求很高,不能仅凭感性判断,必须上升到理论层面,知其所以然,把握内在规律,才能体现科学性。因此,采编考评工作一定要实现专业化。相对于新闻采编,新闻采编考评工作刚刚起步,当前急需尽快提高专业化水平。笔者提供此文稿,意在抛砖引玉,进一步增强业界对这项工作的认识,促其向更深层次发展。同时,意在为普通读者理解和掌握新闻原理提供一个新的参照视角。

李增生
2010年6月

目 录

导言 ··· 1

上 篇

第一章　报纸采编考评概论 ······································· 3
　一、报纸采编考评的界定 ··· 3
　二、报纸采编考评与媒介批评的比较 ······························ 4
　三、报纸采编考评与新闻审读的比较 ······························ 7
　四、报纸采编考评的功能 ·· 10

第二章　报纸采编考评的标准 ···································· 13
　一、研究样本 ·· 13
　二、标准的分类 ·· 16
　三、标准的抽象度 ·· 17
　四、标准的级差 ·· 21
　五、标准的量化 ·· 23
　六、标准的劳绩因素 ·· 24
　七、考评标准模型 ·· 26

第三章　报纸采编考评主体 ·················· 30
　一、研究样本 ····························· 30
　二、考评人员 ····························· 31
　三、组织结构 ····························· 34
　四、思维过程 ····························· 36

第四章　报纸采编考评成果应用 ·············· 41
　一、成果信息 ····························· 41
　二、应用设想 ····························· 43

下　篇

一、报纸比较报告 ····························· 49
二、报纸审读报告 ····························· 118
三、采编考评札记 ····························· 156
四、读报日记节选 ····························· 165

导　　言

　　报纸采编考评，在我国兴起于20世纪90年代。这是随着报纸的部分市场化运作，相应地为内部薪酬制度改革而设计的一种配套机制，旨在更好地落实按劳分配的理念，激励采编人员，促进新闻报道质量进一步提高。采编考评兴起的时间较短，还很不成熟，尚有许多问题值得探讨。目前，对报纸采编考评的系统研究尚未充分展开，考评理论薄弱，难以满足日益发展的考评实践的需要。有鉴于此，笔者特地做些探讨，目的在于构筑一个研究的框架，以抛砖引玉，促进这方面理论的发展，更好地用以指导报纸采编考评实践。

一、当前报纸采编考评工作的主要状况

　　1. 考评标准繁杂，缺少完整的框架。各家报社都有自己的一套规范，尽管个性比较明显，值得肯定，但个性有余而共性不足，对共性部分缺少提炼和梳理，难以把握其中的规律性。由于共性不足，各报社在考评业务探讨方面也不易开展对话交流。

　　2. 一些标准的科学性不足，考评的主观性较强。例如某一具体标准，因过于笼统，外延过于宽泛，从而导致多义解释；某一套标准，由于统筹不力，结构不严密，一些平行细则的划分依据不一，对有的新闻文本按照新闻价值的重要性标准来评定，对有

的新闻文本则按照上级的评判标准来评定,从而导致评委的评判视角难以同一。

3. 考评过程较为粗疏,制度化程度较低。例如在考评方与被考评方的互动方面,包括意见的汇集、意见的筛选、意见的成型,以及对考评主体的监督等,都还缺少严密的制度设计。目前的考评过程,不仅宏观框架不完善,而且微观细节也较少被关注。

4. 考评主体的职位描述不明晰,专业程度较低。例如在机构设置方面,部门的功能简单化,影响了业务向广度和深度的拓展。例如人员配置,缺少对个体素质的规范,也缺少对组织架构的规定。

5. 考评结果的应用范围有限,导致这一信息资源的浪费。目前的考评应用,多数报社还局限于奖酬发放、推荐参评新闻奖方面,尚未与人事考核、评价、培训,以及人事结构调整、报纸质量整体改进等方面紧密对接。

从存在的这些主要问题来看,目前考评工作亟需从理论上加以阐释,并对操作层面的规则进行梳理。

二、探究报纸采编考评规律的可行性与必要性

做这个选题,首先遇到的质疑是,选题能否成立?因为许多业内人士都认为报纸采编考评的主观色彩特别强,考评标准和考评机制没有普适的框架,也就是否认其规律性和规范性,否认对其进行深入探讨的必要。但我们知道,世上任何事物机理都是相通的,都有内在规定性,问题不是没有规律,而是我们能否发现。况且,经过近几年逐步推进的考评实践,业内已有较多的相关知识积累,对其中规律也有所了解。既然对规律的存在不容置疑,既然实践有需求,本选题就可以成立。至于能否有所发现,对规律的了解能有多少,则另当别论。

三、报纸采编考评理论研究之现状

有关报纸采编考评的系统研究目前尚未见到,在国内仅有一些短篇论文发表,而且数量很少。例如:《创新机制,激发活力,提高效率——河南日报采编考核与奖惩机制解析》(《新闻战线》2005年第3期),《建立新闻评价体系,完善考核标准》(《新闻战线》2005年第3期),《求解都市报采编绩效的考评难题》(《传媒观察》2004年第11期),《报业绩效考核的弊病与对策》(《新闻记者》2005年第11期),《平衡:新闻考评制度的关键》(《新闻记者》2005年第11期),《如何建立适应市场竞争的考评体系》(《中国记者》2005年第11期),《绩效考评体系创新的四个关节点》(《中国新闻出版报》2006年12月15日第3版),《地方党报采编人员绩效考评20问》(《中国新闻出版报》2007年4月10日第12版)。这些文献尽管都不属于系统研究,但其中分析问题的视角却很有价值。笔者参考了这些文献,并吸收了其中一些有价值的成分。

本研究涉及多学科理论,包括新闻学、管理学、社会心理学等。在探讨考评标准的部分,较多地应用了新闻学学科群的理论;在探讨考评行为的部分,较多地应用了管理学学科群的理论。当然,其中也有许多交叉。对几类学科的交叉运用,也是由新闻考评本身的特性所决定的。

本书以系统科学为指导,主要采用观察访谈、文献分析的方法。系统科学理论为我们整体把握研究对象提供了有效的工具。应用系统科学理论,将新闻考评作为一个有机整体来观察,探寻多元事物的复杂的相关性,使我开阔了思路,拓展了研究的边界。

四、本书框架结构

本书分为上、下两部分。上篇将报纸采编考评作为一个系统,按照采编考评的过程,以及各要素的逻辑关系,共设置4个章节。第一章为概论,界定了采编考评的内涵,从功能方面进行比较,廓清了与新闻批评、新闻阅评等的界限。第二章探讨考评标准,通过归纳、比较,提出了共性标准和特有标准的参考指标,并探讨了标准与绩效的关系。第三章探讨考评的主体,通过对个案的过程描述,对考评者的个人素养、组织架构进行了分析,揭示了应该关注的问题,尤其是一些微妙的心理偏差问题,提出了纠偏的策略,并提出了参考性的框架。第四章探讨考评结果的应用,提出了将其扩展至宏观报道策略管理、人才识别和团队人事结构调整的构想,其中还从考评角度初步揭示了报业新闻采编人才识别的一些内在规定性。下篇为实践篇,收录了笔者撰写的部分新闻报道质量比较报告、为某家报社撰写的月度审读报告、为某家报社内部业务刊物撰写的新闻考评札记和2005年笔者的读报日记。

上篇

第一章　报纸采编考评概论

在具体研究报纸采编考评之前,首先有必要对"报纸采编考评"这一核心概念进行界定,因为它是本论题的逻辑起点。廓清这一概念,有助于我们正确认识它的功能,并根据其功能推导出其相关的标准、操作过程等。

一、报纸采编考评的界定

报纸采编考评,其概念目前尚未有完整的表述,这是笔者根据其他文献的表述而加以组合的概念。主要是附加了"报纸"这一限定词,选用了"采编考评"这一中心词。

有关报纸采编考评,在其他文献中,有的称之为"绩效考评"[1],有的称之为"采编考核"[2],有的称之为"新闻考评"[3],也有称之为"采编考评"[4]的。在这些文献中,主要为两组名词的差异,一是"采编"与"新闻",二是"考核"与"考评"。仔细辨别

---

[1] 黄咏:《绩效考评体系创新的四个关节点》,《中国新闻出版报》,2006年12月15日。
[2] 章勇思:《完善考核机制,激发办报活力》,《新闻战线》,2005年第3期。
[3] 肖燕雄、尹熙:《平衡:新闻考评制度的关键》,《新闻记者》,2005年第11期。
[4] 谭军波:《如何建立适应市场竞争的考评体系》,《中国记者》,2005年第11期,第80页。

词义,可以看出:(1)"采编"是指新闻活动,"新闻"则是指新闻事件或新闻作品。本文研究的考评活动,考评的是工作绩效,表面是考评新闻作品,但实质是考评作品背后所凝结的采编劳动,因而应用了"采编"一词。(2)"考核"是指"考查审核"①,"考评"是指"考核评议"②。本书研究的考评活动,一是包括考核与评议两方面内容,二是由于较多地涉及定性方法,有"议"的成分,因而统一应用了"考评"一词。

另外,本书加上限定词"报纸",这是为了与其他新闻媒介做出区分。考虑到新闻媒介形态的多样性,传播手段的各不相同,各类媒体采编考评的思路和方法差异较大,因而,本研究仅仅聚焦于报纸新闻采编考评,进行个案研究。

综上所述,报纸采编考评的概念是:在报纸采编机构内部,对采编人员进行业务绩效考核,对新闻作品进行专业评议,以加强人力资源管理和业务交流,最终促进采编质量提高的系统过程。

二、报纸采编考评与媒介批评的比较

有关媒介批评,目前已有多种定义。王君超指出,"媒介批评在本质上是一种价值判断,它是对新闻传播媒介系统及其各要素进行批评的过程"③。雷跃捷的定义是,"根据一定的社会和阶级利益与理想,并按照一定的标准,对大众传媒活动所作的价值判断和理论鉴别"④。刘建明指出,"媒介批评是指在解读

---

① 《现代汉语词典》,商务印书馆2006年第5版。
② 《现代汉语词典》,商务印书馆2006年第5版。
③ 王君超:《媒介批评——起源、标准、方法》,北京广播学院出版社2001年版。
④ 雷跃捷:《媒介批评》,北京大学出版社2007年版,第10页。

新闻及媒体的过程中评价其内在意义及对社会的影响……"①

从这些定义来看,主要有两类界定,一是认为媒介批评包括社会效果批评和专业技术批评,这是广义的批评;二是认为媒介批评仅仅是指社会效果批评,这是狭义的批评。但多数媒介批评论著的内容都侧重于社会效果批评,这与目前的媒介批评实践是契合的。目前专业技术批评主要存在于新闻媒体内部,属于技术质量监控性质,基本不在政府管理部门或其他社会批评主体的视野。

媒介批评现象在古今中外早已有之,但先前较为零星,缺少自觉意识,没有一定规模,未形成系统理论。媒介批评理论在西方盛行30多年后,于20世纪90年代传入我国内地。近年来,我国无论是媒介批评实践,还是媒介批评理论,都有了快速发展。例如,《中国新闻出版报》开辟《每日观察》专栏,新闻出版管理部门设立阅评机构,一批著述问世等。

报纸采编考评与媒介批评有何异同?为了研究这个问题,这里抽取一篇文本进行分析。

11月6日《中国青年报》刊出的一张农民工躺在医院呻吟的照片,令人愤慨又无奈,据报道,11月2日在呼和浩特市发生一起讨薪农民工被打的恶性事件,致4名农民工受伤,其中一名伤势非常严重。

又见"讨薪被打"!近年来,这样的新闻委实是司空见惯。每逢看到这样的新闻,笔者总不免有多个疑问:这些案件的侦破情况究竟如何?有多少得以顺利解决?又有多少是不了了之呢?遗憾的是,这类新闻很少有后续报道。

少有后续报道,我想这绝不可能是媒体的疏忽或故意。

---

① 刘建明:《媒介批评通论》,中国人民大学出版社2001年版,第1页。

媒体和记者肯定非常愿意给读者提供最准确和最多的信息,在将新闻做完整、尽到媒体责任的同时,也树立更好的自身形象。然而,"讨薪被打"案件不了了之的这么多,这不能不令人疑窦丛生。

从常识看,"讨薪被打"案件肯定都是非常容易侦破的,因为其幕后指使者是显然的。如果这样的案件侦破率很低甚至还侦破不了,从道理上是讲不通的。以呼和浩特此次的案件为例,11月2日发生的案件,而且"当地公安部门接到报案后已经介入并展开调查",但在记者5日撰写的报道中有关凶手的情况却仍然只能"含糊其辞",相当令人费解。

必须看到,有关此类案件的后续报道比较少见,或还会形成一定的负面影响。譬如,当前"讨薪不成反遭打"这类极端恶劣的事件层出不穷,在笔者看来,或许就与社会上对这类案件已经形成"肯定将不了了之"的习惯印象有关,换言之,某些殴打讨薪者的恶人,在这种氛围中或已强化了侥幸心理。因此,笔者期待每件"讨薪被打"案件都能有完整的后续报道。

(原载2007年11月13日《中国新闻出版报》第2版《期待"讨薪被打"案件的后续报道》)

这是一篇典型的新闻批评文本。文本指出,对"讨薪被打"案件缺少必要的后续报道,将对社会产生负面影响,使人感到打人者未必受惩处,这不利于减少或消除"讨薪被打"案件。文章的着力点在于分析新闻报道的社会效果,帮助媒体纠偏,促进新闻报道的改进,使之有利于社会。本研究又按照报纸采编考评的工作规范,将该文本改编为内部评报文本,发现两者基本框架有所不同。内部评报文本尽管也关注该报道的社会效果,但更多的篇幅是在分析后续报道跟不上的原因,探讨解决此类问题的对策。例如在对策方面,提出可以采取稿件组合的方式,配发同类的已经得到处理的案件的报道,避免使人产生"此类案件将不了了之"的联想。通过对以上两类批评文本的比较,可以看出它们的不同点在于:

1. 二者层次不同。广义的媒介批评,既包括对媒介的社会批评,也包括对媒介的内部批评,外延比较宽。本书所指的新闻采编考评则外延较小,仅指内部的批评。因此,这两者不是平行的概念。

2. 二者标准有部分不同。媒介批评的共性的标准、方法等,也同样适用报纸采编考评。报纸采编考评标准也与媒介批评标准有部分重合,主要是新闻文本内容评判标准的重合。不重合的部分是对写作水平和人员劳动量的测量标准,以及报纸量身订制的其他个性化标准。

3. 二者着力点不同。在媒介批评中,无论社会批评还是专业批评,无论从哪个角度切入,都更侧重于评判新闻文本的社会效果。报纸采编考评则不然,它除了评判新闻文本的社会效果,还要深入评判采编技巧,综合性更强。并且直接针对文本背后的每一个部门或个人,对他们的工作绩效进行评价。

三、报纸采编考评与新闻审读的比较

目前我国的新闻管理部门,如党委宣传部、新闻出版局等,大都设有新闻审读机构,主要是对属地的新闻媒体的报道实施内容监控。监控的侧重点是新闻媒体对法律法规的遵守情况,以及舆论导向的把握情况。

有关审读的任务,新闻出版总署2009年2月发布的《报纸期刊审读暂行办法》第四条的表述是:"报刊审读工作……坚持把社会效益放在首位,督促报刊出版单位严格遵守国家有关法律法规,努力传播社会主义核心价值观,传播和积累有益于提高民族素质、经济发展和社会进步的科学技术和文化知识,弘扬中华民族优秀文化,丰富人民群众的精神文化生活,努力为推动社会主义经济建设、政治建设、文化建设、社会建设以及生态文明建设作出贡献。"综合有关规定可以看出,审读工作主要是了解报纸内容是否符合有关法律、法规,是否符合《出版管理条例》规定;研究报纸报道中出现哪些倾向性问题,导向是否符合党的方针、政策,以便向上级领导提供情况和建议,及时对报纸出版工作进行宏观指导。有关审读的具体内容,笔者收集的《浙江省报纸期刊审读实施办法(试行)2007年11月9日》,作为一个典型样本,其中有这样的规定:

审版面内容。重点审读是否符合党的基本纲领、基本理论、基本路线、基本经验;是否遵守党和国家的方针政策,坚持为人民服务、为社会主义服务的出版方向和舆论导向;是否含有国家规定的禁载内容;是否坚持正面宣传为主,团结、稳定、鼓劲的方针,有利于和谐文化建设;是否注重品位格调,抵制新闻宣传的低俗化倾向;稿件选用是否具有指导性、真实性、新闻性、时效性和可读性,做到群众喜闻乐见,讲究宣传艺术;典型宣传是否得到群众的公认和拥护;舆论监督是否达到改进工作的目的;热点引导是否能以正确导向维护社会稳定;对虚假和失实报道是否及时公开更正,并做好善后工作。

审出版规范。主要审读是否遵守报纸、期刊出版行政法规和规章;是否执行国家标准和出版物有关管理规定;是否坚持办报办刊宗旨和出版业务范围;是否存在出售、出租及以其他形式转让出版单位的名称、刊号、版面等买卖刊号的情况;重大选题是否备案;报刊名称、出版单位、主办单位、主管单位、国内统一连续出版物号、总编辑（主编、社长）姓名、出版周期、出版日期、总期号、版数、版序、出版单位地址、电话、邮政编码、报刊定价、印刷单位名称与地址、广告经营许可证号等版本记录和标识是否完整、规范；文字编校质量是否符合规定要求；是否按期、正常出版；是否按规定及时缴送样报、样刊。

　　审广告发布。主要审读报刊是否违反社会公德，损害群众利益，刊载内容虚假、格调低下的违法广告和禁载广告；广告内容是否真实可信，广告用语是否文明规范，广告设计是否美观、健康；是否存在广告版面不标明"广告"标记，而使用"专版"、"专题"、"企业形象"等非广告标记，以通讯、评论、消息、人物专访、专家访谈、纪实报道、报告文学、专家咨询、科普宣传等形式发布广告，在新闻报道中标明企业、事业单位的详细地址、邮政编码、手机电话、电子邮箱之类联系方法等以新闻报道形式发布广告的现象；新闻报道和商业广告的比例是否合理、协调；公益性广告刊登情况。

　　审读的主体主要有三个层次：新闻出版行政机关，主管单位，出版单位。

　　有关工作程序，2006年第2期《中国记者》刊载的《营造更规范的报刊环境》一文指出，"首先是报社自己阅评，定期写出阅评报告，这属于自律层面，年度核验时递交出版情况报告给主管主办单位；然后是主管主办单位的审读，再是新闻出版行政部门的审读，新闻出版行政部门根据管理工作需要，可以随时调阅、检查报纸出版单位的阅评报告。对各地做法和有关情况，定期、不定期地通过《报刊审读工作简报》加以反映"。

　　从审读的任务、审读的主体、审读的程序这三个方面进行比较，发现新闻审读与报纸采编考评的相同点主要在于：

1. 同属内部监控性质，信息一般不向社会公开。

2. 评判标准多有重合，主要重合在政治标准和政策标准方面。

新闻审读与报纸采编考评的不同点主要在于：

1. 目标侧重点不同。审读的目标主要是监控媒体舆论导向把握情况，更多地关注政治性和政策性内容。报纸的考评目标与此有何不同？笔者为此参考多家报纸的考评规章。例如中国青年报社的考评条例总则的表述是："为充分调动全体编采人员的工作积极性，鼓励编采人员不断提高业务能力和水平，进而带动本报整体品质的不断提升，本着效率优先、兼顾公平、各尽所能、多劳多得的原则，特制定本条例。"河南日报社的考评总则也有类似表述："为适应报业竞争的需要，调动员工的积极性，提高工作效率，出好报，出人才，出成果，决定在报社所有部门实行岗位责任考核。"多家报社的考评总则基本如此。可见，报纸新闻采编考评比新闻行政机构的审读担负的功能更多。新闻采编考评的目标，尽管也关注政治性、政策性导向内容，但由于这类失误较少发生，因而日常考评大量关注的是采编技术方面。对技术方面的评判，包含采编技巧、劳动绩效等，总体可归结为采编绩效评判。关于这一点，后面还要展开讨论。

2. 工作深度不同。将二者对比可知，审读主要是宏观评价，包括对所有被审读报纸整体情况的评价，以及对某一报纸的整体情况的评价，一般不具体针对每天的每一篇稿件。而采编考评除了宏观评价之外，还包括对微观情况的评价，例如对一期报纸的每一篇稿件都要做出评价。

四、报纸采编考评的功能

采编考评尽管历史较长、实践也很丰富，但对其始终存在着一种否定意见,认为没有实行的必要。我们要研究采编考评的功能,尤其是研究其中的绩效考评功能,首先要辨析这种否定的意见,看其能否成立。弄清了这一点,才有可能研究功能问题,以及其他相关的命题。

认为新闻采编考评无必要,主要是基于以下认识。其一,认为新闻文本的评判标准很软性,难以计量;其二,认为工作绩效是多重因素促成的,其复杂程度也难以计量;其三,海外新闻媒体基本上没有"考评"之说。

这种否定意见能否成立?笔者的结论是"无法成立",主要依据是:

1.新闻文本的价值可以计量。应该承认,新闻文本的评判标准比较软性,但也要看到另一面,那就是它尽管软性,还是有一套基本规范的,规范就是实行计量的基础。目前的标准尚比较杂乱,尺度不一,很容易给人造成难以计量的印象,但这仅是个技术问题,技术问题终归可以解决,不能因此而否认实行计量的可能。当然,新闻采编考评与其他人文科学、社会科学项目一样,相对较软性,计量不会十分精确,但通过科学操作,可以尽量地达到近似值。

2.新闻采编工作的绩效可以计量。新闻采编工作的确比较复杂,一件新闻文本的产生要经过诸多环节,既包括个体劳动付出,也包括外部的配合等,但可否量化并不取决于它的复杂程度。采编人员所有的付出都显示在新闻文本上,实践证明,只要考评者具有足够的实践经验和充分的信息,掌握好标准,采编工作绩效是可以通过文本被判断的,是可以获得一个近似值的。近似值的问题属于计量精度问题,不属于能否计量的问题,我们不可将二者混为一谈。

3.采编考评制度有其适宜性。认为海外媒体没有采编考评,其实是误解。对工作绩效进行考核,任何媒体都不可或缺,海外媒体也不例外，只不过形式、方法不一样罢了。我们的文化体制，包括大众媒体的独特体制，决定了相应的管理制度。采编考评制度即是配套的管理制度之一。我们的媒体多属于公共事业机构，员工相对稳定，不像海外媒体那样人员流动性较大，因此必须更加重视绩效考评，以克服人员的惰性。另外，我们的社会文化是把人情看得十分重要，管理者评价员工的工作极为慎重，拿不出客观的数据一般不会轻易下结论，在此情况下，考评工作由于体现了客观性，容易屏蔽人情，更是不可或缺。

归纳起来，本节的论述涉及报纸采编考评的工作内容，将考评的主要内容概括为三项：一是对政治、政策、舆论导向进行监控；二是对采编技术进行评价；三是对工作绩效进行考核。将这三项工作对应起来，体现三项功能，即导向纠偏功能、业务促进功能、人力资源管理功能。

第二章 报纸采编考评的标准

将每家报社的采编考评标准加以整合,设计一个通用的框架,这是考评工作迫切需要解决的问题之一。在这一章,笔者将通过样本分析,发现其中蕴含的问题,并在此基础上,进行系统梳理,探讨设定考评标准的若干原则。之后,将各种标准元素加以整合,提出一套参考性的标准模型。

一、研究样本

笔者随机选取了三家报社的考评标准,主要是其中的新闻文字稿件考评标准。分析这些样本,目的是从中发现现有考评标准涉及的基本概念,以及存在的问题,也就是找到"靶点",以应用这些概念并有针对性地设计一套考评标准模型。所选取的样本,以地域范围分层,分为中央级、省级、市级等三个层次,同属严肃报纸,共性比较多。仅选取文字稿件部分的考评标准,主要是出于节省篇幅的考虑。

以下是某中央级报纸的考评标准:

A 等——突出本报性质、办报宗旨和内容定位,所报道的内容和事件在时效性、重要性、冲突性、异常性、独家性及服务性等方面至少有三项突出表现;具有很强的可读性,并能引起较强烈的社会反响；具备新闻基本要素，文字优美、规范。

B等——稿件报道内容在一般受众有较高的关注度；有较强的重要性、可读性、时效性、指导性和服务性；在同一题材的报道中与其他媒体相比有独到视角和表现手法；具备新闻基本要素，事实准确，文字生动、规范。

C等——稿件具有较强的可读性，报道内容为受众所关注，能简洁、迅速、准确地传达新闻事件的主体内容，文字通顺。

D等——新闻稿件具有传播价值和告知意义，具备指导性和服务性，无明显差错。

E等——稿件内容为一般性的简单信息，各类会议简讯、短讯，与摄影记者一起采访时配写的图片说明。

以下是某省级报纸的考评标准：

A等——新闻价值很高，可读性很强，能引起读者广泛关注、社会影响力大的重要稿件（包括重要社论、评论等）。

B等——新闻价值高、有新意的重要稿件（包括重要社论、评论等）。

C等——质量较高、有分量的稿件。

D等——一般性的稿件。

E等——内容明显违反宣传纪律、职业道德或本报有关规定的稿件；有重要政治差错的稿件、有偿新闻稿件等。

以下是某市级报纸的考评标准：

A等——题材重大、采访深入、社会影响较大的深度报道；第一时间报道的有新闻价值的突发事件，追踪社会热点，反映读者普遍关注的问题，且写作水平较高的稿件；受到各级领导重视和社会普遍好评,为报社争得荣誉的稿件。

　　B等——题材较重要,新闻性较强,读者关注面广,在写作手法、思考角度、关注视点方面有创新,具有较强感染力,重要的独家新闻稿。

　　C等——读者关注面广的新闻类、服务类稿件,观点新颖的分析性报道,较重要的独家新闻。

　　D等——新闻性或服务性较强,具有一定见解。一般性的政治、经济、文化、体育新闻、会议新闻、政策信息等。

　　E等——简讯、简单的服务信息等。

　　分析以上样本可以发现,这些标准从实践中来,具有一定的可操作性,但总的来说仍存在一些欠缺。其主要欠缺是:

　　1. 杂糅。一些标准的分类不够清晰,例如常常将题材标准与体裁标准混用,将特定标准与共有标准混用,将新闻事实的固有价值与稿件表达的价值混用。

　　2. 交叉。一些标准的同一条款内容多有重复。例如将"新闻价值"与"有新意"这一具有从属关系的概念错误地进行并列等。

　　3. 过于抽象。有些条款抽象度过高,可操作性不强。尽管这与条款受到文字容量的限制有关,不可能有较长篇幅的表述,但能够抽象到何种程度,还是很值得研究。

　　4. 级差不显著。主要是级别之间缺乏鲜明的标志,不易区分。这也与条款的抽象度较高有关。

　　5. 量化不足。样本中仅有一款具有量化标准,缺少一个统一的贯穿的架构。

　　从样本的表述还可以看出,考评标准涉及的概念,主要包括"选题价值"、"体裁分量"、"表达技巧"、"劳动付出"等。从样本的欠缺中可以发现,主要涉及四个方面的问题:一是标准的分类,二是标准的抽象程度,三是标准的级差,四是标准的量化。下面将逐一分析这四个方面的问题,并进行梳理,提出各项准则。

二、标准的分类

分类是根据对象的差异点和相同点,将对象区分为不同种类的逻辑方法。分类是科学研究的前提,因此研究考评标准,必须首先解决分类问题。通过分类,研究和认识各类标准的本质特征,找到它们之间的联系,可以将考评标准条理化和系统化。还有很重要的一点是,根据分类的"各子项之和必须穷尽母项"的规则,我们可以推断、发现标准的遗漏之处,加以补充,使之更加周全。

在以上样本中,考评标准条款实际上已涉及许多类别,但都不够明晰,因此,笔者对这些标准进行梳理后,做了如下分类:

1. 一级分类,即第一层次标准,包括:(1)共性标准,或称规律性标准。(2)特定标准,或称规范性标准。

2. 二级分类,即第二层次标准,包括:(1)共性标准,划分为政治标准、新闻业务标准。(2)特定标准,划分为本报属性定位标准、本报阶段性报道定位标准等。

3. 三级分类,即第三层次的标准,包括:(1)政治标准,可划分为宏观导向标准和微观导向标准。(2)新闻业务标准,可划分为新闻事实价值标准、新闻表达价值标准。(3)本报属性定位标准,划分为与本报选题偏重契合标准、与本报表达风格契合标准。(4)本报阶段性报道定位标准划分为与本报报道主题契合标准、与本报倡导体裁契合标准。

4. 四级分类,即第四层次的标准,包括:(1)宏观导向标准,划分为主流舆论导向标准、主流政策导向标准。(2)微观导向标准,划分为各类观念导向标准、读者注意力导向标准等。(3)

新闻事实价值标准,划分为事实隐含价值标准、事实显现价值标准。(4)新闻表达价值标准,划分为文本结构的新闻表达价值标准、文本语言的新闻表达价值标准。(5)与本报选题偏重契合标准,划分为与本报选题领域契合标准、与本报选题视角契合标准。(6)与本报表达风格契合标准,划分为与本报叙事风格契合标准、与本报语言风格契合标准。(7)与本报阶段性报道主题契合标准,划分为与整阶段报道主题契合标准、与分阶段报道主题契合标准。(8)与本报倡导体裁契合标准,划分为与倡导的系列体裁契合标准、与倡导的单篇体裁契合标准。

以上对新闻考评标准进行了大致的分类,当然,仅仅进行四级分类是不够的,为了增强可操作性,可以将其作为母标准,层层地划分下去,设计出若干子标准。这里的分类,可为我们澄清一些容易混淆的概念,并提供一个制订考评标准的基础框架。例如在考评中,我们常常将共性标准与特定标准混为一谈,由于观察角度各异而对同一篇稿件得出不同的评价,导致评委之间产生较大的意见分歧。

考评标准是一个体系,这个体系会因考评目标的不同,例如调节目标、激励目标的不同,从而形成不同的考评标准体系。在设计这个考评标准体系时,也可划分为若干类型,例如综合标准和单项标准,混合标准与细分标准,定量标准与定性标准,绝对标准与相对标准,核心标准与边缘标准,等等。

三、标准的抽象度

考评标准由若干概念组成,而概念则是具有一定抽象度的较为模糊的表达。在确定新闻采编考评标准时,概念应该抽象到什么程度,也就是抽象在哪个层次上,我们并没有主动的意识,因而有必要加以明确界定。

考评标准四级分类表

一级分类	二级分类	三级分类	四级分类
共性标准	政治标准	宏观导向标准	主流舆论导向标准
			主流政策导向标准
		微观导向标准	各类观念导向标准
			读者注意力导向标准
	新闻业务标准	新闻事实价值标准	事实隐含价值标准
			事实显现价值标准
		新闻表达价值标准	文本结构的新闻表达价值标准
			文本语言的新闻表达价值标准
特定标准	本报属性定位标准	与本报选题偏重契合标准	与本报选题领域契合标准
			与本报选题视角契合标准
		与本报表达风格契合标准	与本报叙事风格契合标准
			与本报语言风格契合标准
	本报阶段性报道定位标准	与本报报道主题契合标准	与整阶段报道主题契合标准
			与分阶段报道主题契合标准
		与本报倡导体裁契合标准	与倡导的系列体裁契合标准
			与倡导的单篇体裁契合标准

在新闻采编考评中,对标准的理解通常会遇到两方面问题。一是概念的抽象程度比较高。例如使用"新闻价值"概念,这对于新闻业内人士的考评方与被考评方,都是顶端的概念。对这个常识概念,不难理解,但对考评标准来说,仅仅停留在此层面上是难以操作的。何谓"新闻价值"大?何谓"新闻价值"小?不易准确把握。二是概念的抽象程度比较低。例如将"简讯"、"编者按"等作为体裁标准的概念,对这类信息简单、篇幅较短的体裁缺少整合概念,就会很不周全,有时遇到边缘性体裁就难以确认。

根据以上样本,从可操作性来看,可以发现其中较为适用的概念大都是居于中间层次的概念。据分析,这是由于:其一,为了篇幅适度压缩的需要。为便于考评者和被考评者把握,考评标准的文本一定要简洁明快,适度地整合较为具体的感性的概念,也即比较低端的概念。适度,当然也意味着在高层次上不能达到顶端概念。其二,为了便于划分稿件等级,每级标准的各个概念必须处于同一层次,形成平行关系,但平行概念的抽象度不可太高,否则就会增加下一层级的分解量,使得层级因划分得过多而失之繁琐。

为了便于理解抽象度,这里抽取样本中的一些概念进行分析。以下是3家报纸关于A等稿件的标准。

A报:突出本报性质、办报宗旨和内容定位,所报道的内容和事件在时效性、重要性、冲突性、异常性、独家性及服务性等方面至少有三项突出表现;具有很强的可读性,并能引起较强烈的社会反响;具备新闻基本要素,文字优美、规范。

B报:新闻价值很高,可读性很强,能引起读者广泛关注、社会影响力大的重要稿件(包括重要社论、评论等)。

C报:题材重大、采访深入、社会影响较大的深度报道;第一时间报道的有新闻价值的突发事件,追踪社会热点,反映读者普遍关注的问题,且写作水平较高的稿件;受到各级领导重视和社会普遍好评,为报社争得荣誉的稿件。

总括起来,这3家报纸的A等稿件标准的内容包括6个方面:(1)报纸定位;(2)新闻价值;(3)写作水平;(4)体裁类别;(5)读者反馈;(6)劳动付出。以上6个概念处于最高抽象层次,由于抽象度高,涵盖面过宽,因而只适宜作分类概念,是不能作评判概念的。

将上述概念视为第一层次,再进行第二层分解。报纸定位,又分解为报纸性质、办报宗旨、内容定位等。新闻价值,又分解为时效性、重要性、冲突性、异常性、独家性、服务性等。写作水平,又分解为可读性、易读性等。体裁类别,又分解为重要社论、评论、深度报道等。读者反馈,又分解为上级重视、社会普遍好评等。劳动付出,又分解为采访难度、采访成本等。

可以发现,第二层分解的抽象度降低了很多,已经具备操作性了。但还稍显抽象,还可进一步分解。

在这3家的A类稿件标准中,"文字优美、规范"之类表述,属于较为低端的概念。这类概念的缺陷是无法穷尽子项,也不胜繁琐。新闻写作标准,不仅包括文字优美、规范,还包括表达准确、层次清晰、通俗易读,包括标题制作、谋篇布局等方面,内容太多,不利于考评标准的表达,必须将其适当提升,向中间层次的概念靠拢。当然,"文字优美"可作为强调的概念提出,但前提是要有个总括的概念来统领。

四、标准的级差

执行标准时,需要给稿件评出相应的档次,也就是级差。根据考评实践,笔者感到,级差越明显越有利于操作。但在制定标准时怎样确定级差,则缺少指导性的原则。因此,这是一个需要探讨的问题。

以上面选取的中央级某报的考评标准为样本,发现了制定级差的一些规律。该样本的启示是,考评标准的级差划分,要符合简洁、鲜明、准确、有可比性、有共识、易于辨别等总体原则要求。

该样本还确定了衡量稿件优劣的基本规则:质量为主,篇幅大小为辅。该项基本规则提示我们,在制定标准级差时,还要从整体上确定不同的组合类型。从多家报社的标准文本或实际操作情况看,规则组合主要包括3种类型:(1)质量为主型;(2)质量为主、篇幅大小为辅型;(3)质量为主,篇幅大小、采写难度为辅型。其中单纯"以质量为主型"居多。这里仅以"以质量为主型"模式来研究标准级差的划分,主要涉及两方面问题:其一,级别层次划分的数量;其二,级别层次划分的关系。

1. 级差层次划分的数量。级差属于纵向结构,确定它的层次的数量,先要确定两极,即顶端级和低端级,然后设定层级间的跨度,并以此确定层级的级数。为了符合简洁、鲜明的总原则,层级要尽量地少。目前各报的稿件标准大都是5级制或10级制。5级制分别为:A／B／C／D／E;10级制分别为 A^+／A／B^+／B／C^+／C／D^+／D／D^-／E。5级制属于基本框架,10级制是在5级制的基础上的扩展。各报纸5级制稍有差别的是,有的将E等作为最低合格等级的稿件,有的将E等稿作为差等稿,即有明显失误的不合格稿。从考评操作中可以发现,5级制对应表示——优秀、良好、好、及格、差,符合评级的习惯标准。10级制再做细分,增加若干中间层次,整体上达到了层级的饱和量,已经足够应用。

2.级差层次划分的关系。主要包括纵向划分的关系、横向划分的关系,以及纵横之间的关系。

纵向划分的关键在于拉开差距,横向划分的关键在于设计可比的要件。其中可比要件又分为共同要件、特设要件。以上述样本来看,5级划分的共同要件包括:社会影响,新闻价值,写作技巧,稿件体裁。

例如社会影响,A等为"能引起很强的社会反响",B等为"一般受众有较高关注度",C等为"为受众所关注",D等为"有告知意义,具备指导性和服务性",E等为"一般性的简单信息"。这里的几个关键词——很强反响、较高关注、所关注、告知意义、简单信息,在纵向上形成了明显级差。再从上述样本来看,特设要件包括:A等为"突出本报性质、办报宗旨和内容定位",这是其他等级所没有的报纸特色标准;E等为"各种会议简讯,给新闻图片配写的说明",这是其他等级所没有的篇幅标准,属于特征性较强的要件,容易识别。但也发现样本存在缺陷,主要是各类要件纵向上不能一一对应,个别要件在横向上还有交叉。例如A等稿标准条款中,"在时效性、重要性、冲突性、异常性、独家性、服务性等方面至少有三项突出表现"与该条款的"具备新闻基本要素"属于横向交叉,形不成严格的并列关系;A等稿中的"独家性"与B等稿的"有独到视角和表现手法"是一个意思,属于纵向交叉,形不成明确的级差关系。

进行归纳,可知考评的级差标准特征有三点:(1)横向条款各个标准要件属于同一层次的概念,具有平行关系。(2)纵向条款上下之间各要件必须相互对应,并形成高度反差,还要有显著的关键词,以增强可比性,明显拉开层级;(3)在条款的纵横之间,共同要件所占比例要大,这既是新闻稿件共性所决定的,也是进行稿件质量比较的需要。

五、标准的量化

采编考评标准包括两大计量标准：定性等级统计标准、定量数值统计标准。数值统计，这里是指将稿件的等级换算成分值，以显示工作绩效的一种计量方法。这是一种易于操作、易于被接受的考绩方法，主要用于奖酬发放、评定先进等。

样本显示，各家报纸的分值差异较大。例如 A 等，有的是 100 分，有的是 300 分。但各报分值的含金量不同，在绝对数方面没有可比性。值得关注的是各等级分值的级差。分值的级差，包括两个相邻等级的级差、最高端与最低端的级差。例如甲报纸的 A 等稿为 100 分，B 等稿为 70 分，两者的比例为 10∶7；B 等稿 70 分，C 等稿 40 分，两者的比例约为 10∶6；C 等稿 70 分，D 等稿 10 分，两者的比例约为 10∶2.5。其中，最高端的 A 等稿与最低端的 D 等稿的分值比例为 10∶1。乙报纸 A 等稿 300 分，B 等稿 250 分，两者的比例为 10∶8；B 等稿 250 分，C 等稿 100 分，两者的比例为 10∶4；C 等稿 100 分，D 等稿 50 分，两者的比例为 10∶5。其中，最高端的 A 等稿与最低端的 D 等稿的分值比例为 6∶1。这两家报纸，分值的相邻等级的级差分别为：10∶7∶4∶1——10∶8∶3∶2；最高端的 A 等稿与最低端的 D 等稿的分值比例分别为 10∶1——6∶1。可以看出，甲、乙报纸的分值的相邻级差的比例极为接近，这是由高、低两端之间的固定容量所决定的，这是个定数。但两端的级差比例，各报却呈现出较大的差异，具有较大弹性。

那么，两端的级差比例的设定依据是什么？据对相关人员的访谈，发现主要依据有两条：(1) 报社对团队素质的估价。(2) 对员工的现实社会心理的关照。在团队素质估价方面，要考虑本报社采编人员的构成，要对业务骨干的人数，对他们每月完成稿件的数量和质量进行测量，并对他们的潜能进行预测，由此确定最高端与最低端的比例。如果骨干人数较多、可能完成高端稿件的数量较多,在不拉高质量标准的情况下,就要相应地缩小与低端的比例,以保持总量的平衡。在心理关照方面,要考虑本社的文化传统,找到一个采编人员都能接受的比例,以有利于组织的和谐。

在样本中,级差比例的设定,还包括对其他人员报酬量的参照,例如与内部的非一线采编人员的参照,与外部的同行业人员的参照等。标准的量化是一个动态过程,并非一成不变,因而本书主要探讨量化标准设定的一般原则。

六、标准的劳绩因素

考评标准的抽象度、考评标准的级差等,均属于原则层面的问题,而劳绩标准则属于方法层面的问题。

考评工作有别于作品赏析,其最终目标是评价记者、编辑的劳绩,因此不但要衡量新闻文本自身的价值,还要衡量文本所隐含的劳动付出。劳动付出既包括智力付出,也包括体力付出。体力付出泛指时间和精力类的付出。相应地,新闻文本中包含的劳动付出都应在采编考评中得到确认。

按说,新闻文本本身的价值应该成为唯一的衡量标准,它似乎已经反映了智力付出和体力付出,但实际情况很复杂,有的时候,新闻文本的价值与采编人员的智力付出和体力付出并不等值。例如新闻价值同等的消息稿件,有的需要记者深入到一线,包括深入危险的现场等,有的则是跑跑机关、翻翻文件,或者依托独具的丰厚新闻资源,轻易就可以采访得到,这两者的采访环境不同,各种付出也不等同,在考评方面怎样体现这种差异?这就导引出一个劳绩成本问题。

所谓劳绩成本,指的是作品所包含的采编人员的智力付出和体力付出的数量。劳绩成本的概念的客观存在,从以上样本也可以得到证实。在样本的 A/B/C 等次的标准条款中,主要是评价文本质量,但也包含对时间、精力等体力付出的评价。尽管包含对体力付出的评价,但对此项评价往往缺少明确表达。只有 D 等标准对体力付出的表达较为明确,例如"简单信息"、"会议简讯短讯"、"配写的图片说明"等关键词,就是一种对包含智力付出和体力付出的表达。

从样本看,在劳绩成本评价方面,主要有两个特点:(1)侧重评价智力付出。(2)仅仅以体裁来判定。这两个方面,根据实际执行情况来看,都需要进一步完善。第一点,侧重评价智力付出,这也是多家报社的标准的共性,是原则性的,符合新闻采编以智力投入为主的规律。但不可忽视体力付出的因素,在标准中对此要有适度的体现。第二点,仅仅以体裁,尤其是以体裁的文字数量来评判劳绩,不够全面。一般情况下,文字数量与劳绩是对应的,长篇比短篇采写的付出要更多些,但不是绝对的,还要根据是否原创、采访难度、写作技巧、信息含量等情况而定。例如有的长篇稿件水分很多,还不如短消息的信息含量大。

在新闻文本中,智力付出为显性,可以从文本本身得以体现;体力付出为隐性,一般隐藏在文本背后,需要考评者用自身经验来加以判断。体力付出由于不易判断,因而在考评中很容易被忽略。在考评中,还要注意辨别究竟是记者采访前已显现的事件价值,或是记者发现后显现的事件价值,或是记者表达出的事件价值,或是以上要素叠加的价值,付出不同,劳绩价值各异。

样本中,对体力付出的评价,有的已经包含在稿件等级中,有的是以另外加分的形式来体现。究竟哪一种方式比较适宜?根据笔者对实际操作的观察,以及对被考评者的访谈,多数人认为,最好以加分的方式来体现,因为加分的方式可避免与文本本身的质量评价相混淆,评价表达更为清晰。

七、考评标准模型

根据以上原则和规则,笔者特地提出了一套仅供参考的新闻采编考评标准模型。本模型是参照中央级、省级、市级的一些报纸的现有标准,对这些标准进行综合、比较、提炼,再结合其他文献,加以整合而成的。这个考评标准模型,被考评文本主要分为文稿类和非文稿类两大类。文稿类包括消息、专稿、标题等,非文稿类包括图片、版面、策划等。

将以上各类文本的标准模型化,其中以新闻文稿为例,可以得出以新闻价值为主导的如下级差标准公式:(1)第一级差:高新闻价值+高写作技巧;高新闻价值+次高写作技巧。(2)第二级差:较高新闻价值+高写作技巧;较高新闻价值+次高写作技巧。(3)第三级差:一般新闻价值+基本写作技巧;一般新闻价值+有明显缺陷的写作技巧。

(一)文稿类等级标准(10 级标准)

文稿类标准主要以消息、专稿(包括有变异的边缘类新闻稿,例如长篇访谈稿等)为样本而制定,对其他形式的文稿,在其中附加简要说明。

A^+ 等:选题新闻价值很高(例如题材重大或特别新颖等),角度独特,主题深刻且有广度,内容丰繁(信息含量大,例如至少有 5 个以上信息点),社会影响大;采访深入(例如一手素材多、现场感强等);在新闻写作方面,符合特性要求;在基础写作方面,谋篇布局有创意并且很完美(完美是指主题集中、结构合理等),内文表达简洁、明快、生动(易读可读),标题(包括分标题)制作精良。

A 等:与 A^+ 比较,除了谋篇布局缺少创意,或文字表达一般化之外,其他标准相同。

B^+ 等:选题新闻价值高,角度集中,有思想性,内容丰满,比较引人关注;采访深入;在新闻写作方面,符合特性要求;在基础写作方面,谋篇布局有创意,内文表达简洁、明快、生动,标题制作规范。

B 等:除了谋篇布局缺少创意,或文字表达一般化之外,其他标准与 B⁺相同。

C⁺等:选题新闻价值较高,内容较为丰满;采访深入;在新闻写作方面,较为符合特性要求;在基础写作的谋篇布局、内文表达、标题制作方面,有一项较为一般化。

C 等:在谋篇布局、内文表述、标题制作方面有 2 项以上较为一般化。其他与 C⁺的标准相同。

D⁺等:符合下列情况之一:①有较高新闻价值,但内容较为单薄(信息量少)。②新闻价值一般,但内容较为丰满。

D 等:新闻价值一般,且内容较为单薄。

D⁻等:与 D 等标准相同,但出现明显技术差错。

E 等:有导向错误,或违背新闻职业道德(例如抄袭、造假等),或出现严重技术差错。

(二)图片类等级标准(10 级标准)

A⁺等:新闻价值很高(包括文字说明),现场抓拍,拍摄技巧很别致、很完美,视觉冲击力非常强。

A 等:新闻价值很高(包括文字说明),现场抓拍,拍摄技巧很别致,但有缺陷,视觉冲击力非常强。

B⁺等:新闻价值很高(包括文字说明),现场抓拍,拍摄技巧一般,但无明显缺陷,画面很美观。

B 等:新闻价值很高(包括文字说明),现场抓拍,拍摄技巧一般,且有较明显缺陷,但画面美观。

C⁺等:新闻价值较高(包括文字说明),现场抓拍,拍摄技巧较高,画面美观。

C 等:新闻价值较高(包括文字说明),现场抓拍,拍摄技巧一般,有较明显缺陷。

D$^+$等:新闻价值一般(包括文字说明),拍摄技巧较高,画面较美观。

D等:新闻价值一般(包括文字说明),拍摄技巧一般。

D$^-$等:与D等标准相同,但出现明显技术差错(包括文字说明)。

E等:无新闻价值(包括文字说明),或有导向错误,或有严重技术差错。

说明:组照搭配不当,降低一个等次。

(三)版面类等级标准(6级标准)

A等:内容搭配得当(例如导向正确、主次分明等)。平面设计有突出的贴切的创意(例如符合版性风格等),较多运用图片,细部和整体都很严谨丰满、赏心悦目,特别有视觉冲击力。文稿、标题、平面设计无差错。

B等:内容搭配得当。平面设计较多运用图片,细部和整体都很严谨丰满,赏心悦目。文稿、标题、平面设计无差错。

C$^+$等:内容搭配得当。平面设计较多使用图片,整体上比较丰满、美观,但整体或局部有明显缺陷。

C等:内容搭配得当,平面设计至少运用2幅图片,整体比较严谨,但视觉效果平淡。

D等:内容较为杂乱,平面设计无章法。

E等:有导向错误,或有重要技术差错。

(四)好标题标准(不分等级)

1.符合基本要求:

(1)无导向差错,无语病。

(2)简洁、明快、易读。

(3)与文稿内容贴近。

(4)与新闻的特定体裁搭配。

2. 符合特定要求:
(1)有新意(不落俗套、巧妙等)。
(2)鲜明。
(3)生动。
(4)非常有吸引力。
(五)好新闻策划类标准(不分等级)
(1)内容类别包括重大战役性报道、重大事件报道专刊;形式类别包括连续报道、系列报道、连续性专栏。
(2)事先有较为周密的策划方案。
(3)选题或角度比较新颖。
(4)主题鲜明。
(5)组合严密,结构合理,整体感强。
(6)参与组合的稿件、单篇质量多为 D^+ 等以上。

第三章 报纸采编考评主体

　　新闻采编考评,仅仅有一个较为完善的标准是不够的。标准再完善,也必须依靠人来执行,而人的理解力是千差万别的,因此标准要得到较为准确的执行,首先要将考评人的因素考虑在内。这个人,也即称考评主体,指的是广义的考评者,不仅包括个体的评委,还包括组织机构等。考评主体的执行是一个过程,只有在过程中才能得以完成。这个过程又是各种因素互动的过程,充满矛盾。在这一章,我们就来分析考评主体、工作流程、外部环境,了解诸多因素是怎样互动的,是怎样决定考评结果的,并努力探寻其中的规律性。

一、研究样本

　　这是一家报社(简称 A 报社)的考评机构每日考评的例行流程。

　　人员:5 名评委,其中 2 名具有新闻正高级职称,3 名具有新闻副高级职称。8:20 浏览本报,以及《人民日报》和本地其他报纸。8:50 仔细阅读本报,个人初步判定每篇稿件和每个版面的等次。11:00 召开评委碰头会,首先通报昨日编前会的信息,包括稿件配置方案、编委会的采编指向等,以及夜班编辑组和编辑部等方面的推荐意见、反馈意见,然后商定稿件和版面的等次。其间,评委充分讨论。基本上以多数人的意见为准,但有时也会以少数人的意见为准,关键看谁能拿出更有说服力的理由。如果争执不下,就由主持者敲定。11:40 将初步意见汇总报告总编辑,由总编最后拍板,然后公布。

这里描述的仅仅是简单的工作流程,其中的细节,将在以下相关分析中提及。笔者以此样本为依据,采取观察、访谈或直接参与的方法,对考评过程进行分析。

二、考评人员

有时对某篇稿件的评价,考评人员给予的评价差异很大,有的评委认为是优等稿件,有的评委则认为属于劣等稿件。针对这一现象,据笔者较长时期的参与体验,可知判断某篇稿件的质量等次,主要取决于考评者的综合素养。这类似学者杨保军所说:"新闻选择不可能完全超越选择者的认知图式、价值模式、心灵状态的影响,不可能彻底超越传播者及其所属新闻媒体、利益群体所持新闻观念、价值取向、利益追求的限制,当然也离不开新闻传播环境的影响和作用。"①笔者进行了概括,将评委应具备的素养概括为四个主要方面。

1. 丰富的阅读量。参与评判稿件,笔者观察了评委是如何判定"新意"这一概念的。对于稿件是否有"新意",其实是要加入个人判断的。例如有时对一篇稿件是否有新意,评委们分歧较大,最终还是服从于从业时间较长者的判断。该评委几年前曾经做过该选题,他认定该选题基本是原来报道的重复,无创意

---

① 杨保军著:《新闻本体论》,中国人民大学出版社 2008 年版,第 104 页。

可言。由此看出，评委需要在纵向上对某方面报道的历史了解，需要在横向上对某方面报道进行对比。笔者参与考评，每日在评稿之前，至少要阅读《人民日报》、《南方日报》等中央和主要省份的报纸，以及同城的主要报纸。可见，考评人员需要有长期的阅报和参与报道活动的积累，同时需要每日大量阅读各种报刊、网上信息等，有了比较，才能判断某篇稿件是否属于有新意的独家稿件。

2. 较高的预设模型，即每个人心目中的"标高"。"标高"，这里特指个人心中勾画的某篇稿件采写所能达到的最高尺度。在考评中，评委们对标准的理解会融入主观认知，不自觉地以"标高"来评判被考评稿件的优劣，从而导致一定的偏差。这个偏差是客观存在，是在允许的范围内。例如在评判稿件的等级时，评委们会根据自己的写作经验，以及所遇见过的类似稿件，联想到如果自己写这篇稿件，会如何筛选素材，如何构建导语、结构、素材，将写到何种程度才能满意，才能达到相应的等次。由于每个评委的写作经验、鉴赏力的差别，这个预设模型在每个人心目中都不同，有的相对偏高，有的相对偏低，因此有时对同一篇稿件的等次评判会出现较大的分歧。由此看，要使预设模型与考评标准相照应，尤其是与高等次标准相照应，就要求评委首先成为业务优秀者，具有丰富的新闻实践，具有深厚的新闻理论功底，具有较高的新闻文本鉴赏力。

3. 契合的关注点。参与考评，发现每个评委的关注点有很大不同，有的关注政治消息，有的关注环保消息等，女性还会较多关注情感类消息，这些因素会影响到对稿件新闻价值的判断。例如在某次讨论中，对一则"某县180万元购买百条警犬值不值"的小评论，有的评委认为新闻价值一般，有的则认为新闻价值较高。认为价值高的评委的理由主要基于两点：第一，所议论的购买警犬的新闻素材比较新鲜；第二，内涵较为丰富，由点到面,由此延伸出对财政预算问题的关注,对政府开支合理性的质疑。可见,对稿件价值的判断,与写作新闻稿件一样,如果政治敏感性强,善于解读,能透过表象发现新闻事件背后的潜台词,就会发现那些看似平常却价值非凡的稿件,使之得到应有的较高评价。例如在考评讨论会上,对一则股市消息的新闻价值,参与过炒股的三位评委对自己的判断更为自信,判断更为准确。相反,一名对股市了解较少的评委,就往往判断不准。由此看出,考评者的一个重要手段就是将稿件内容置于同领域进行纵横对比,要做到这一点,前提是考评者必须对该领域较为熟悉。评委的知识面非常重要,一名胜任的评委,必须是较为博学的人。其悟性,也应该与高能力记者相当。如果进一步推断,可以设想,还应根据报纸的定位来遴选评委。例如政经类主流报纸,最好由那些关注时事、具有高端宏观思维者担当评委(有过管理经历的更好),专业类报纸,最好由那些具有本专业背景者担当评委。当然,人各有兴趣,各有关注点,评委不可能无不通晓,但对所评报纸报道的主要领域有较多较深入的了解,则是必须具备的基本素养。

4.宏观的思维能力。对考评人员访谈,发现很重要的一点是,他们都谈到了宏观思维的问题。尽管对这一问题的表述不同,例如有的谈到对稿件的综合平衡,有的谈到对某一组合报道的整体把握等,但都涉及"宏观"二字。据此归纳,必备的宏观思维能力有如下主要表现:(1)熟知时事,熟知方针政策,对大局了然于心,然后做到鸟瞰式地辨别某一新闻事件的历史方位,准确判断该报道的新闻价值。(2)了解本报的采编运作流程,了解本报的整体采编水平,在这个框架下,综合考虑各种组织因素,能从中找到一个平衡点,合理判定稿件的价值。(3)善于前后照应,能将一个时期、一个阶段,或一组报道进行归纳梳理,作出系统的整体判断。

三、组织结构

考评部门的机构设置，包含两方面内容，一是内部结构，二是外部关系。考评过程既是内部交互作用的过程，又是与外部交互作用的过程。纵横交错的组织互动，无不对考评施加影响。不同的机构、结构，对考评过程会产生不同的影响，或者较弱，或者较强，或者呈现不弱不强的多极化状态。因此，我们需要考察这个机构，了解这个机构的内、外部结构关系，并对结构关系导致的互动进行分析。这里，笔者以上述 A 报社为样本进行考察，考察中还以其他报社样本为参照。

A 报社考评部门是独立部门，直属总编辑，与采编系统各个中层部门平行。

从内部看，这是一个封闭的结构。例如设立了固定的评委、相对固定的主持人，人员近年基本没有发生流动。

该结构的长处是：(1) 大家都很熟悉历史情况，知道哪些报道选题曾经做过，哪些报道角度曾经有过，评稿时能迅速找到参照系。(2) 大家经过长期磨合，逐渐形成共识，评稿时非常的默契，效率很高。

该结构的缺陷是：(1) 评委逐渐同质化，模糊了不同的视角，减弱了相互的争论，如果出现判断失误，就会成为集体的判断失误，纠错机能比较缺失。(2) 评委缺少实践机会。从事采编考评需要丰富的实践经验，评委不宜长期脱离采编一线，但有的评委从一线进入该部门之后，几乎不再回流，时间长了，往往感到"老本"已经吃光，从而在某种程度上影响到对稿件的正确判断。

外部关系包括两个方面，一是与总编的垂直的纵向关系，二是与各部门的水平的横向关系。这两种关系组成外部结构，与内部机构共同构成一个考评大系统。

从纵向看,考评部门直属总编辑,实现了与顶端的信息交流。如此结构,将考评初步结果呈送总编终审,可以得到上级的宏观调控,更好地体现编委会的报道意图;可以受到上级的制约,使评委们更为精心地操作;可以增强考评的权威性,使考评结果更好地得以认同。具体操作时,总编辑经常与评委讨论,进行双向交流,这可以被认定为一个封闭的回路,是能够保证信息流畅通的。

从横向看,对考评部门来说,被考评的各个采编部门在这个大系统中处于信息输入端和末端。该考评部门每天以书面或口头方式搜集推荐意见,各采编部门如果有建议,会事先向评委提出。这些输入信息,是评委们的重要参考,将在某种程度上影响着评委们对稿件的判断。在末端,也即信息反馈的一端,各采编部门主要对考评结果反馈意见,如果有异议,会向考评部门及时提出;考评部门将及时予以回应,与反馈者沟通。如果争执不下,考评部门将报告总编辑,再与总编辑沟通。经过这样的纵横交错的多向交流,由考评部门和总编辑共同形成结论,再反馈给意见提出者,对考评结果做出修正,或维持不变。

在对A报社考评机构观察的基础上,又与省内外其他报社的考评进行比较。共搜集了7家报社的考评部门的资料。这些报社的考评部门都是相对独立部门,差别仅仅在于隶属不同,有的隶属总编办公室,有的隶属夜班编辑部,有的直属总编辑。访谈对象主要谈到了评委构成问题,认为评委结构不尽合理,并且很少流动,这不仅会影响考评的准确性,也不利于评委团队的建设。这些问题,与A报社非常相似。据此,可以有针对性地对考评机构改进提出两点设想:第一,构建多种成分的评委组合。对评委,除了要求具备较高的基本素养之外,还要求具有不同的新闻工作经历,如来自采访一线,来自编辑部一线,来自新闻理论研究岗位,来自新闻管理岗位等,以此避免人员同质化,避免在考评中形成相同的偏好,并实现优势互补。第二,构建开放的评委组合。一是对内部开放。可采取定期轮岗的方式,保证评委不长期脱离采编实践。也可采取召集制的组织体制,即考评部门仅作为办事机构,充当考评会召集人的角色,不将评委列入本部门编制,而是吸纳各采编部门代表轮流担任。二是向外部开放,吸收外部人员进入评委组合,能使考评工作保持一定的超脱性。但要注意,外部人员虽然超脱,却未能融入内环境,因而对隐含于稿件的各种复杂因素缺少认知,缺乏多向度的判断。合适的比例是外部人员在组合中一般不超过1/3。

四、思维过程

考评,对考评者来说,是一个复杂的思维过程。经过阅读,他要在脑海中迅速调动相关的知识贮存,综合权衡,对稿件做出评判。知识贮存包括本人的专业基础知识掌握,包括对考评标准的熟悉、对其他报纸的参照、对本报报道史的了解等。考评者是一个广义概念,不仅指评委个体,而且指评委组合。考评过程,既是评委的思维过程,也是评委组合进行思维互动的过程。这个思维过程是怎样进行的?它能告诉我们什么?为弄清这些问题,笔者采取体验和交谈的方式,对其思维路径进行了考察。以下简单描述这一思维过程,并在描述的基础上,探讨考评者应然的思维方式。

(一)个体思维

拿到当天的本报,评委首先会迅速地浏览一遍,产生整体印象,并对自己感兴趣的稿件产生第一印象。第一印象首先由稿件的标题所提示的内容所决定,其次是由稿件的版面处置,包括版位、字号、面积、装饰等决定。被处置得醒目的稿件容易跳入眼帘,导引读者的判断,使人感觉它的价值较高。但评委对这类稿件仍然理性看待,知道那仅仅代表版面编辑的判断,或者是出于编排的整体需要,并不表明稿件一定具有高价值,因此不会被表象所左右。曾经遇到的情况是,一些头条稿件未得到高评价,甚或低于同一版面的其他稿件获得的评价。

对本报的稿件有了初步印象之后,评委开始浏览其他的主要报纸,以作参考。其他报纸大都是性质相近的报纸。评委主要选择若干高于本报层次的权威报纸、同等层次的优质报纸、同一城市的优质报纸。通过浏览,评委要大致了解这些报纸都有哪些主要报道,特别要发现报道的相同关注点或同一新闻事件,准备与本报进行同题报道比较。

接着,评委开始评判每篇稿件。这个过程,有略读,有细读。对一些明显劣质的稿件,评委的目光可能一扫而过。要细读的是那些感觉还不错的稿件,或者是较为长篇的深度报道。细读并进行评判的过程,主要包括两方面思维过程。首先是直觉思维。评委凭着直觉,对稿件的选题价值高低做出迅速判断。直觉来自评委的内化了的知识和经验储备,是对这些储备的综合地瞬间地运用,属于一种模糊判断。其次是理性思维。为慎重起见,评委对直觉判断还需要进一步验证,于是进入下一个过程,开始比照考评标准对稿件仔细衡量。但此时,评委脑海中浮现的却不是机械的考评标准,因为他对考评标准早已烂熟于心,融入潜意识。此时指令他的只是个性化的理解。衡量每一篇稿件,他都有一个自己预设的模型。他在想,假若我写这篇稿件,我该怎样写,或者写得更好。如果与他的预设模型基本吻合,他就产生共鸣,高度评价这篇稿件。如果与他的预设模型差距较大,他就加以比照,以此发现缺陷,低度评价该稿件。曾发现,有时面对同一篇稿件,评委的评判竟相差好几个等次,差距很大。这一过程表明,采编考评标准无论如何周密,都难以完全概括新闻稿件这种多样性的个体劳动产品,仅能提供一个基本的参照框架。在对具体作品的评判时,在运用标准时,评委的个人理解占有相当的成分。例如对稿件结构评价时,何为"合理",何为"巧妙",何为"层次清晰"等,都有一定的抽象度,因此也都给评委预留下个人理解的空间。在这个环节,评委要应用自己心目中确定的一个主观尺度。这一主观尺度由评委的认知水平所决定。评委认知水平有多高,他的主观标准就有多高。可将此称之为"标高"。对"标高"问题,前面的有关论述已经涉及,此处不再赘言。

评委的理性思维,还包括对稿件的各方面比较。(1)与外报进行同题比较。对一些重要稿件,一旦发现与其他报纸同题,评委就必须进行比较。对比会凸显被评稿件的强项和弱项,使评委有了参照物,进一步明晰自己的评判。有时候,对比还能使评委彻底否定自己的原有评判。(2)与本报进行非同题比较。评委在评判某一篇稿件时,将与本报同一天的稿件相比较。这一比较,会使评委产生某种程度的错觉。错觉表现有两个方面:一是抬升标准。例如某一天,报面上优质稿件比较多,评委视觉疲劳,挑花了眼,会不自觉地抬升标准。二是降低标准。例如某一天,报面上劣质稿件较多,几乎不见好稿,评委会松弛心理,不自觉地降低标准。再如,有时候遇到系列报道,或位置相连的块头等非常类似的稿件,如果级差不很大,一般在半个级差的,内部评委偶尔也会加入人情因素的考虑,对相邻的低等稿件降低标准,抬升等次,以与其他相邻稿件看齐,使采写该稿件的记者不至于因明显对比而觉得难堪。由此看,考评在不同的语境下完成,语境的不同导致评判尺度的差异,导致评委错觉的产生。

(二)群体思维

评委的个人评判工作完成之后,开始共同讨论,判断稿件的等次,这是一个决策性的互动过程。互动包括分歧和共识、相持与和解等对应的表现形式。以这几种形式为框架,笔者观察和体验了一些典型过程。

评委们在评价处于质量两极的稿件,即最优和最差的稿件时,比较容易达成共识。而对于大量的处于中间层次的稿件,由于其等次边界相对模糊,评委们有时会产生很大的分歧。据观察,分歧更多地是由不对称的思维导致的。不对称主要包括三方面:其一,概念不对称。例如针对某篇稿件,有的讨论的是新闻事实本体的价值,有的讨论的则是文本表达出的新闻价值,将不同的概念混为一谈。其二,观察点不对称。例如有的看重环保新闻,有的看重金融新闻;有的看重思想的深度,有的看重情感的感染力;有的看重文字的灵动,有的看重结构的严谨。这应验了美国心理学家爱德华·桑戴克提出的晕轮效应。晕轮效应的核心思想是:人们对事务的认知和判断往往只从局部出发,扩散得出整体的印象。评委们往往会根据各自的偏好,各执一端,强调某一亮点的权重,排斥其他亮点,并将不同的权重含混地进行同一比较。以上两点不对称,使评委之间的分歧产生。

分歧产生之后,进入群体思维的第二阶段。这个阶段的主要表现是相持与和解。如果争执不下,就进入相持状态。相持的结果有两种:一是搁置,留待外部权威裁定;二是消解,最终做出比较一致的判定。其中消解的过程较为复杂,值得关注。消解属于常态,出现最多。据观察,在内部,争执的消解需要一位最具权威并颇具说服能力的评委。他若始终坚持个人意见,就能导致其他评委对自己的判断产生怀疑。此时,如果再出现一位"反叛者",及时地给予附和性的回应,就能动摇其他持相反见解的评委的信心,使其不再坚持自己原有的判断。这一例证表明,评委们会下意识地服从权威,被权威的思维所主导,因此组合的主导人物不可或缺,对他的遴选尤其重要,因为他在某种程度上决定着考评标准的"标高",决定着考评组合的决策效率。

考察评委的个人或群体思维过程,可以看出,评委和评委组合在执行标准时,难免形成不同的理解,也难免嵌入独自的理念,因而具有浓厚的个性色彩。在评判的思维过程中,评委有时面对特殊的语境还会产生错觉,导致判断失准;评委组合由于构成人员素养的差异,会形成不同的"标高",形成不同的关注点,因而把握尺度不一致,产生分歧。面对分歧,内部消解的主要因素在于权威人物的主导,但这并不意味着一定会形成正确的判断。

第四章 报纸采编考评成果应用

以上考察了新闻考评工作的评定环节。实际上,采编考评工作是个大系统,不仅包括评定环节,还包括成果应用环节,只有将成果的应用环节予以涵盖,才能构成一个比较完整的工作结构。因而,研究报纸新闻采编考评,还需要广义地理解这个概念,对评定环节之外的成果应用环节进行探讨。本章即探讨成果应用环节。要着重探讨的是,考评环节的评定成果都输出了什么信息,处于后续环节的部门该怎样有效地利用这些信息。

一、成果信息

评委们形成的定论,是评定阶段的成果。这个成果的形态,从 A 报看,一是稿件的等次显示,二是稿件的等次统计。稿件的等次显示,信息比较简单,而等次统计数据却包含着丰富的信息。我们首先探讨 A 报对此信息的宏观应用需求。这里,仅以优等稿件为样本,探讨统计数据与报道评估和人力评估是否具有相关性。

A 报的宏观信息需求主要有两方面:一是报道评估,包括优等稿件的选题分布、体裁分布、长项分布等;二是人力评估,包括获得优等稿件的部门分布、个人分布等。

1. 首先看报道评估。以文字稿件为样本,题材、体裁等的分布情况如下：

这里抽取2009年1月至6月的优等文字稿统计表。优等文字稿是指的C^+等以上稿件（优等稿件包括C^+等以上的B、B^+、A、A^+等稿件，是A报有资格进入月奖评选的候选稿件）。该类稿件总数为267件。

从题材分布来看，政治类100件（极为巧合的是，与社会类都是整数，并且数字相同），约占37%；社会类100件，约占37%；经济类51件，约占19%。这表明，优质报道在满足高端读者方面突出了政治新闻，在满足大多数读者方面突出了社会新闻，体现了"堵住中间，狠抓两头"的报道趋向，与报纸的党报属性和该报的办报方针非常契合。

从体裁分布来看，专稿157件（专稿即通常所定义的通讯类稿件，主要包括系列报道、深度报道、访谈等），约占59%；消息76件，约占28%；言论18件，约占0.7%；组稿（指的是一次性见报的单篇稿件的整合）8件，约占0.3%。这表明，重心在深度报道，符合报纸与异质媒介的差异化竞争的趋向。同时也表明，言论类稿件的优质比例没有达到较高的预期。

从每一篇稿件获得好稿的主要原因看，其中以事件取胜的160件，约占60%；以选题取胜的79件，约占30%；以写作取胜的18件，约占0.7%；以整合取胜的12件，约占0.4%。这表明，事件类稿件居于首位，符合报纸的新闻特性；以选题取胜的稿件位居第二位，报道策划能力比较强，符合报纸的发展趋向；以写作取胜的稿件比例较小，对照报纸的属性要求应该属于正常，但加强一些会更好；以整合取胜的稿件比例很小，还有较大的开发空间。

为了进一步验证以上各项比例是否有必然性，又将1至6月的优质稿件分布情况逐月对比，结果表明，除了政治类、经济类稿件的好稿数量在个别月份互有消长之外，其他分类稿件每月的好稿数量的排名与以上排名完全一致。这一契合,可以认为是某种规律性的表现。同时,这种排名,也是与我们掌握的该报的实际情况基本契合的。

2. 其次看人力评估。这是一种透过稿件认识采编人员能力的分析。这里以纯粹从事文字采访的文字记者为样本,抽取了2009年6月、7月的获得D^+等以上稿件的统计表。D^+等稿件虽然仅比最低等次的D等高出一个级差,但记者并不易获得,仅占发稿数的19%,因而将其以上等次的稿件列为优等稿。据统计,23名文字记者6月份414篇稿件中,共有77篇获得D^+等以上,获得优稿率为19%;7月份455篇稿件中,共有86篇获得D^+等以上,获得优稿率也约是19%,两者比率相等。这在一定程度上反映了记者所在部门获得优稿的比率的稳定性。为了解优稿获得与记者个人能力的相关性,也就是说,获得优质稿件是较多来自偶然因素,还是较多来自个人能力,笔者抽取了前5名的数据进行分析。数据表明,6月份获得优质稿件篇数位居前5名的记者,其中有4名在7月、8月、9月、10月这4个月份,仍然位居前5名,具有相对稳定性。之后又根据平时印象,与数据进行对照,可知该数据对于反映每个记者在本团队的业务水准和工作态度,基本可信。

二、应用设想

以上分析也表明,考评数据具有多项应用价值。但目前在许多报社的普遍状况是,规范的数据库尚未建立,原始的采编考评信息也主要作为计酬的依据,很少被延伸应用。为此,笔者提出一些应用设想。

1. 为编委会的报道决策作参考。采编考评信息主要是质量分布信息,从稿件质量分布信息中,编委会可以定量地了解3类信息:(1)重点选题是否凸显。如果重点选题获得优稿的比率不高，未能达到预期的高质量，即表明没有凸显出来，未能引起读者的高度关注。(2)体裁分布是否合理。在消息、专稿、言论、图片等主打体裁中，如果优稿中体裁分布不合比例，即表明本报的定性未能很好地体现。(3)人员分布是否符合预期。编委会总是根据采编需要来调配人员的，对哪些部门人员配备应该加强，哪些部门可以适当弱化等，都是有考虑的。如果获得优稿的部门分布和个人分布方面达不到预期，就要据此加以修正。

2. 为人力资源管理部门的决策作参考。考评信息对于反映一个人的学识、能力、业绩，可以提供数据支撑，便于人力部门客观评价记者、编辑，并有针对性地确定业务培训的课题。主要操作有两项：(1)建立个人业务档案。这属于微观信息。档案的项目包括定量和定性两部分。定量部分主要包括每年写稿总量（篇数和字数），每年获得优等稿件的数量、比率、排名等。定性部分是由外部专家撰写的业务评语。专家可以抽取一个人的若干篇稿件，评价选题特点、写作特点，以及从中反映出的业务水准。这类信息，可以作为人员职务、职称晋升的一项重要依据。(2)建立团队业务档案。这相对属于宏观信息。这个档案是对整个团队或分团队的一个年度的定性评价。可以请专家对整体报道质量进行分析，发现具有普遍性的欠缺，供人力部门据此确定业务培训的内容。

主要参考书目：

1. 杨保军著：《新闻价值论》，中国人民大学出版社 2003 年版。

2. 杨保军著：《新闻事实论》，新华出版社 2001 年版。

3. 杨保军著：《新闻本体论》，中国人民大学出版社 2008 年版。

4. 杨保军著：《新闻活动论》，中国人民大学出版社 2006 年版。

5. 张征著：《新闻发现论纲》，中国人民大学出版社2006年版。

6. 刘建明著：《媒介批评通论》，中国人民大学出版社2001年版。

7. 王君超著：《媒介批评——起源、标准、方法》，北京广播学院出版社2001年版。

8. 陈龙、陈霖著：《新闻作品评析概论》，中南大学出版社2005年版。

9. 喻国明著：《嬗变的轨迹》，中央编译出版社1996年版。

10. 谢鼎新著：《当代中国新闻学研究的演变》，中国传媒大学出版社2007年版。

11. 肖燕雄著：《微观新闻制度论》，中国传媒大学出版社2008年版。

12. 田运著：《思维科学》，浙江教育出版社1988年版。

13. 朱福东编著：《管理系统设计》，中国人民大学出版社1997年版。

14. 刘社瑞、张丹编著：《媒介人力资源管理》，湖南大学出版社2006年版。

15. （法）素斯塔夫·勒庞著，冯克利译：《乌合之众——大众心理研究》，广西师范大学出版社2009年版。

16. 苗东升著：《系统科学大学讲稿》中国人民大学出版社2007年版。

一、报纸比较报告

这是笔者在河南日报社从事新闻报道质量研究期间撰写的部分报告。这期间,每天都要将本报与中央和同城的主流报纸的报道,尤其是将同题报道的情况加以比较,通过比较,肯定本报的长项,找出本报的差距,以进一步推动本报的采编工作。还要将一些重要的比较结果形成报告,于当日提交。由于报告必须在短时间内完成,多数属于"急就章",因而主要是定性分析,并且未能达到足够的深度。

2005 年 7 月 23 日

本报头版以《海棠考验河南》一组照片为导读,在三版详细报道了台风"海棠"登录全省的情况。三版在《海棠走中原,各地无大险》的栏题下,刊发了一组侧重报道全省防范台风情况的稿件,这与同城其他报纸侧重郑州灾情的报道相比,具有独特的视角。该报道将全省各驻站记者的稿件加以组合,不仅增加了信息的广度,还充分利用了来稿,显示了较强的编辑功力。

本报头版刊发了《非公资本可进入铁路领域了》(新华社稿),R 报六版也刊发同一内容的稿件(R 报记者稿)。R 报的标题是《铁路建设、铁路运输、铁路装备制造、多元经营(引题)铁路开放四大领域(主标题)鼓励各类非公资本进入(副题)》。

比较来看，本报的标题较为简洁，也更明晰。

2005年8月3日

本报七版刊发了《郑州市政府信息公开有了规矩（引题）市民可免费获得政府信息（主标题）》，D报、R报、W报也都刊发了这一消息。相比之下，本报的消息比较有深度，例如揭示了政府信息公开的重要意义，披露了人们对来自执行层的阻力的担忧等。其他报纸与本报的不同之处是披露了信息公开的具体方式，例如上网、机关设立专门窗口等，很好地满足了普通读者的实际需求。

本报二版刊发的《商丘市委书记抢救落水儿童》的消息，D报和J报也同时见报（各自记者采写的）。本报报道及时，处置也很得当。D报在一版以大幅照片作导读，并将该消息加入四版、五版的《五场营救写风流》的5起救人事件组稿之中，显得很有章法。J报将救人现场照片作为封面和导读，由于照片特别精彩，并且不惜版面突出处理，进一步彰显了事件的新闻价值。

2005年9月28日

南水北调"穿黄"工程开工的消息，同城主要报纸都有报道，并且多数都在头版做了突出处理。本报的处理特点是除了在头版刊发开工仪式消息之外，还在三版配发了一篇相关报道，《南水北调带给河南什么》。这篇报道回答了本省读者普遍关心的问题，不仅具有贴近性，而且提升了开工消息的新闻价值，与头版消息形成了较为完美的组合。R报以《潜龙穿越黄河底》为题，在头版头条刊发了消息，其特点是没有配发开工仪式的照片，而是配发了工程三维效果图，使读者有了更直观的认识。从标题看，只有本报和D报在引题或副题中提到了"这是人类历史上最宏大的穿越大江大河的工程"，加上这句话有利于彰显事件的新闻价值。

有关个税调整听证会的新华社消息,为广大读者所关注,同城各报都予以刊发。本报在头版刊发了导读,在中国新闻版头条刊发了大约1/4版的有关消息、图表等,处理得还是比较醒目的。R报、W报、D报针对此消息还策划了专刊,发稿量很大。R报、D报专刊的名称是《聚焦个税听证》,W报专刊的名称是《特别报道——听证个税起征点全景》。这次听证会是全国人大常委会首次举行的立法听证会,是推进立法民主的一项重大举措,意义重大,与广大读者关系密切,理应突出报道。在这方面,同城其他报纸的专栏或专刊形式显得更有力度。

2005年10月17日

本报要闻一版和二版刊发了"神六"今晨4时33分成功着陆的消息,时效性非常强,内容结构很和谐,版式也很大气,总之是一次很出色的报道。同城其他报纸刊发的都是预告消息。J报预告将在中午推出四个彩版的号外。尽管其他各报受截稿时间限制,刊发"神六"实时着陆消息与否,不可一概而论,但本报作为本省第一大报,政治责任重大,对这一消息却不能不及时刊发。由此看,本报很好地履行了应尽的报道职责。

2005年11月9日

本报头版《中美纺织品协议终于达成了》的消息,时效性很强。R报、W报也同日刊发。本报的报道有几点为其他报纸所不及:一是采用本报特约记者的稿件,具有独家性;二是以《纺织品谈判成功给河南带来什么》为题配发了两篇延伸报道,报道了本省的反馈情况,进一步揭示了事件的意义,并且拉近了与读者的距离;三是安排在版面显著位置,凸显了事件的重要价值,尤其是对河南纺织行业具有重要价值。

有关郑州市投资环境评估报告的消息，R报、W报等同城报纸都有披露。这是一个新闻价值较高的事件。本报《省会新闻》版刊发了两篇稿件，篇幅也较长，时效方面与其他报纸同步，处理手法很有特点。本报的《"零点调查"细说郑州环境五项》，将调查结果分解为8个方面进行报道，梳理得较好，脉络很清晰。其他报纸的可借鉴之处是，文中特地点明这是郑州市首次委托民间调查公司评估本市投资环境，这就更加提升了事件的新闻价值。

2005年11月28日

对首届河南文化遗产日的报道，本报在要闻一版刊发了两幅照片，一幅是"观众纷纷拍照"的近景，一幅是"在省博物馆观看演出"的中景。其中，近景照片中的人物表情生动，画面也很美。

此次文化遗产日活动的特点是免费开放、观众异常多、场面火爆、社会影响巨大，与日常参观活动相比，这属于"反常"现象，正是新闻点所在。J报在头版刊发了"上万人排队等待参观"的大幅照片，W报在头版刊发了"龙门游人如织"的大幅照片，都突出表现了民众热心参与的火爆场面。相比之下，本报头版的照片则显得气氛较为冷清，没有表现出这一活动的特点。另外，本报的近景照片是在任何景点都能看到的画面，缺乏特定背景，不够典型。其他报纸的图片报道给我们的提示是，新闻照片姓"新"，画面必须首先表现事件特点，其次才是讲求美观。当然，这是一个老生常谈的问题。

2006年1月11日

有关全省审计工作会议，本报一版以《省审计厅喜获全国精神文明工作先进单位》为题，报道了审计厅获奖的消息；D报在六版以《新年审计目标敲定，十件实事成为重点》为题，报道了审计厅今年的工作目标。相比之下，审计厅获奖，虽然具有一定的新闻价值,但却没有"审计十件实事"的新闻价值高。审计厅今年要重点审计省委、省政府承诺的十件实事,与上级的工作部署紧密配合,与读者关系密切,被读者关注度高,新闻价值高。显然,本报的消息没有抓取会议的核心内容。

S 报、A 报等报都报道了"郑州市政府规定今后 200 人以上文体活动需报请公安局批准"的消息,并且都在一版做了导读。这是一条与广大读者关系密切的消息,很有必要告知读者,但本报没有披露。

昨日是郑州"110"开通十周年纪念日,D 报的《绿城新闻》刊一版、S 报一版都有报道,并且都配有较出彩的照片——一位 70 多岁的老太太在"110"现场参观的镜头。郑州"110"的宣传周活动,还将邀请广大市民亲身体验接报警服务,这是一个需要众人参与的活动,也是一个很容易出故事的活动,值得报道,本报却没有披露。

2006 年 1 月 13 日

"中国政府首次发表对非洲政策文件"的消息,《人民日报》、《光明日报》、《经济日报》等报都在一版报眼位置刊发,本报也在国际版头题位置刊发。参照中央报纸可以看出,本报对该消息的价值判断是准确的,处理也是得体的。这主要表现在两点:一是应发则发,没有遗漏该消息;二是对该消息并未非常强调,而是安置在国际版头题,符合地方报纸的新闻价值判断标准。同城其他主要报纸没有刊发该消息。

有关"麦加踩踏惨剧",本报在国际新闻版刊发了消息。与其他报纸比较,不同之处在于有无导读。同城的 Z 报等三家报纸都在一版发了导读,《人民日报》没有发导读,本报也没有发导读。有无导读,反映了报纸对该消息新闻价值大小的不同判断。应该说,本报不发导读是恰当的。这场惨剧,属于事故性质,不具有政治色彩,不含有普遍意义,因此并不特别显著,对政经大报来说,也是可以不上导读的。

本报《省会新闻》版刊发的《郑州今年春节禁放更严》的消息,与广大读者关系密切,发得很及时。除本报之外,同城报纸只有 D 报、Z 报、S 报等报刊发了该消息。

有关我省"两会"的报道,本报已拉开序幕,要闻版刊发有社论、简讯等,《谈话》版还以《想让人大代表替你说些啥》为题报道了普通人对会议的期盼。同城的 S 报在一版以《委员陆续报到》为题发了大幅照片,J 报以《热议提案代替见面寒暄》为题,报道了"政协委员报到见闻"。本报的《谈话》版的内容是其他报纸没有的。该稿的刊出,使本报此类报道比其他报纸显得更有深度。

2006 年 1 月 14 日

对省政协九届四次会议召开,本报除了刊发开幕消息之外,还配发了工作报告解读和九届三次会议以来提案工作综述,构成了一个比较完整的报道组合。J 报刊发了工作报告解读和三次会议以来的提案解读。S 报以《去年收到提案件件得到办复》为题刊发了消息。Z 日报、W 报、J 报、D 报、S 报还都披露了"会议第一天收到提案 181 件创历届之最"的消息,并列举了其中一些提案的内容,比本报较早地关注到当前提案情况。J 报还较早地设立了"两会"专栏,例如《两会热线》、《秋欣看两会》等。

2006 年 1 月 15 日

本报开设的《小万看两会》专栏,与其他报纸类似专栏比较,主要是与 J 报的《秋欣看两会》专栏比较,不侧重观察会议日常动态,而是侧重议论会议议题,显得较为大气,符合政经大报的定位。

2006 年 1 月 16 日

省十届人大四次会议开幕后,本报配发了一个通版的《两会特刊》,对政府工作报告进行解读。该特刊图文并茂,版面美观大方,与同城其他报纸有明显区别,非常醒目。对报告内容的解读,本报与其他报纸的分解层次不同,侧重于宏观层次,例如选择了"加快'三化'进程"、"优化投资结构"、"以人为本,一心为民"等关键词,而没有选择诸如"就业"、"社保"、"医疗"等微观层次的关键词。可见,本报的报道定位是较为准确的。另外,J报和S报都刊发了对财政报告的解读,标题如《去年钱花哪了,今年钱怎么花》等;Z报、J报、D报、S报还对"十一五"规划纲要作了解读,这是本报所没有的。

2006 年 1 月 17 日

本报以《代表委员与您共读未来五年》为题,用一个通版对"十一五"规划纲要作了解读性报道,版面大气,非常醒目,为同城其他报纸所未见。本报的"两会"专页的《两会聚焦》、《代表委员金点子》、《代表一日语录》、《两会影像》等专栏为其他报纸所没有。其他报纸主要报道议案提案情况,其中D报刊发了整版的议案提案选登,其形式值得借鉴。

2006 年 1 月 18 日

省十届人大四次会议首次记者招待会是今天各报的关注焦点。同城主要报纸对这次招待会的报道各有千秋。本报以《关爱民生,倾情百姓》为题,以"高频词"的形式,从14个方面对会议内容加以梳理,脉络清晰,非常醒目。Z报以《提高农民收入,改善农民生活》为题,W报以《河南景区门票有望降低或取消》、

《河南今年助困投入30亿元》为题,都选用了以偏赅全的标题,突出了记者招待会的某一方面内容。J报的"十问"以问题划分段落,引人注目。D报从两个大的方面对内容梳理,一是"居民利益政府挂在心上",二是"'三农'问题尽显政府牵挂",概括得较为周全。

2006年1月25日

一、本报有关迎接春节的报道渐渐多起来。今日的《经济新闻》版、《政教科文》版各有一组此类报道,并且都是主打稿;《省会新闻》版以整版的篇幅,刊登了节日活动信息和有关人物报道;《舆论关注》版的头题也是有关节日防火的报道。与同城其他报纸相比,本报这方面的胜出之处是重点突出、组合较好,显得较为醒目、条理分明。

同城其他报纸也出现了一些较有特色的报道。这大致表现在三方面。一是采访较深入。例如关于长途汽车东站客运票价私自涨价的消息,J报、A报等报比本报时效差(本报23日已有透露),但是由于采访深入,并采用目击手法,因而内容丰满,形象直观,仍然具有较大信息量和较强的可读性。二是报道面较宽。例如Z报以《温馨服务让市民过年无忧》为题,分别报道了燃气、暖气、供电、公交等公共服务部门节日期间的服务承诺等。三是选题较新。例如D报的《春运一票难求,结伴拼车好还乡》,从一个较少为人关注的方面,给民工返乡提供了有用的参考信息。

另外,《人民日报》的《民主法制周刊》还从政法角度报道了节日前夕出行、购物、餐饮、娱乐等方面的情况,其手法值得借鉴。

二、除本报之外,《人民日报》、《经济日报》、《光明日报》和同城的主要报纸都刊发了来自国家环保局的"对松花江水污染生态环境影响的评估"的消息。《人民日报》的标题是《松花江的鱼可以吃了》。个别报纸,例如《人民日报》、S报等还报道了"上万化工企业沿长江、黄河分布"的警示消息。

2006年1月26日

有关"去年我国GDP增长9.9%"的消息,今日绝大多数报纸都有披露。这一宏观经济数据,为广大读者尤其是高端读者所关注,具有较高的新闻价值。《人民日报》、《经济日报》、《中国青年报》等中央报纸都将该消息刊发在一版报眼位置。同城的Z报、W报、J报则在一版刊发了导读。比较来看,本报对该消息处理得最为突出,也最有创意,显得略胜一筹。胜出之处主要有三点。其一,将该消息安排在次头条位置,也很突出,不仅仍可彰显其新闻价值,而且不影响安排其他重要新闻稿件。这一处理手法是其他报纸所没有的。其二,将新闻图表作要闻版头题,将导读加以整合使之成为组合式导读,这不仅是其他报纸没有的,而且本报也不曾有过,是一种创新。其三,三版刊发了以《2004年GDP排名前十位的国家》为题的数据表,将历史背景加以发掘,对主体新闻给予配合,进一步深化了报道。这也是本报的独家处理方式。

2006年2月10日

"中共中央国务院关于实施科技发展纲要的决定"的消息,具有很高的新闻价值,今天中央主要报纸都将其刊发在要闻一版头条位置,本报也是要闻一版头条,并在二版作了详细报道。同城还有Z报、W报、D报刊发了此消息,但都未作突出处理。对比可见,本报对该消息的价值判断与其他主流媒体是吻合的,处理是恰当的,非常符合自身的定位。

关于"魏青刚、洪战辉当选感动中国年度人物"的消息,同城的Z报未报道,W报在16版刊发了长篇专稿,J报在二版以

《"2005感动中国"颁奖》为题,刊发一幅照片和简短的颁奖词。D报、S报都在要闻版作了突出处理。本报除了在要闻一版刊发有照片、消息、评论之外,还在《焦点访谈》版刊发了通版的相关报道。比较起来,本报的处理最为醒目,报道得最为充分,进一步彰显了该消息的新闻价值。

同城各主要报纸都刊发了"事业单位进人要公开招聘"的消息,本报刊发在要闻一版,与其他报纸处理得相当。有关"我省二级以上医院将实行单病种限价管理"的消息,Z报、J报、S报等都在要闻版刊发了导读,D报在三版刊发了消息,Z报在要闻版发了消息,本报漏发。

2006年2月22日

今日的重大新闻是中央发布2006年"一号文件"——《关于推进社会主义新农村建设的若干意见》。

《人民日报》《经济日报》等中央报纸大都将该文件刊发在要闻一版下半版位置,通栏处理,下转其他版面;同城的Z报在一版头条位置通栏处理,J报和D报在一版头条刊发常规形式的标题导读。W报仅在五版刊发了短消息,属于例外。

比较其他报纸可以看出,本报对该消息的处理最具创意。这主要表现在两个方面。

其一,形式上有创新。本报以套色、加框线、罗列分标题的形式作出导读,非常醒目地凸显了该消息的重要价值。此外,本报将文件在二版整版刊发,感觉比在一版下半版刊发更为醒目。这些手法与其他报纸既不雷同,又体现出相同的新闻价值判断,具有异曲同工之妙。

其二,内容有独到之处。本报在四版以大半个版的篇幅配发了一组"文件解读",其中还作了相关链接,列出1982年以来8个有关农村的"一号文件"的内容,以利于读者进行比较,加深对今年"一号文件"的认识。其他主要报纸则都未有如此醒目的解读性专栏,也没有相关链接。本报这种处理手法,虽然以前也有过,纵向比较算不得首创,但此次与其他报纸横向比较,却是独家的。

本报这次对"一号文件"这一消息的处理,表明对中央重大消息的处理,在约定俗成的规则之内,可自由发挥的空间还很大,是能够有所创新的。

比较其他报纸,还有一点值得关注,那就是对新华社稿件的运用方面的差异。《中国青年报》等少数报纸都刊发了新华社的不同的解读性稿件,共两个版本,其中《中国青年报》、W报等报所选登的《建设新农村:亿万农民的共同期盼》一稿质量较高。该稿不是一般地罗列内容,而是融入了记者自己的观察和提炼,例如将近几年的几个"一号文件"做了对比,将文件的内容加以概括等,由此可见,在选用新华社报道同一事件的稿件方面,也是需要努力鉴别的。

2006年5月9日

新华社稿件《中央两办印发国家信息发展战略》、《生动的实践活动创造丰硕的理论成果》、《北京移动手机资费开始下调》、《黄金书遭全面封杀》,都被《人民日报》、《光明日报》、《经济日报》等中央主要报纸选用。对以上稿件,本报全部选用,而且处理得当。通过与其他报纸对比可以看出,本报对重要新闻的价值判断很准确,而且选稿范围也与党报定位相符。

有关"北京移动资费下调"的消息,《中国青年报》刊发了自家记者采写的专稿,标题是《套餐下的手机话费下调成了消费者的"智力游戏"(引题)手机资费坚冰是否真正融化(主标题)》。该稿具有独特的视角,揭示了"为何不用大家容易明白的方法,比如每一分钟的话费下调、干脆取消月租费,或者执行彻底的单向收费……"这样一个引人思考的问题,这种善于同中求异的记者思维方式,对我们很有启发。

"省直大医院55名医生因滥用抗生素被通报"这一消息,同城的D报、Z报、W报等报都在一版刊发了,大多数报纸还在头条位置做了醒目的导读。本报没有刊发。

2006年5月10日

中央主要报纸之间,以及与本报之间,今日少有共同关注的新闻。《人民日报》刊发的河南新闻《河南农村推广规范药房》、《河南百户重点企业打破终身制》,《中国青年报》刊发的《巩义幼儿园纵火嫌犯被抓获》等,本报都已经领先刊发过。

同城主要报纸共同关注的消息有"我省移动手机话费价格下调"、"俄罗斯青少年在少林寺"、"五旬农妇捐肾救夫"、"择校费下降3000元"等。比较起来,本报对这几条消息的处理都很到位。例如移动话费下调,这是继昨日北京移动降价之后省内的一个积极回应,是备受广大读者关注的消息,其他各报都是仅仅在一版做个导读,其中J报是在头条位置作导读,相比之下,只有本报处理得最为醒目,不仅将稿件加框刊发在要闻一版,而且配有新华社的漫画,形象直观,这充分表现出本报对民生新闻的重视。另外,本报对"今年择校费下降3000元"、"俄罗斯功夫小子惊叹少林寺"两则消息的处理得也很得体。

当然,同城其他主要报纸在具体内容方面也有可资借鉴之处。例如S报对"农妇捐肾救夫"的报道,不就事论事,增加了"夫妻间肾脏匹配率高达10%"的内容,使得该报道同时具有较强的知识性、趣味性。

2006年5月24日

同城主要报纸与中央主要报纸今日共同关注的消息,一是中国科协七大开幕,二是成品油价格上涨。通过对比可以看出,对这两则消息,本报的版面处理非常得体。其中对成品油价格上涨的消息,本报和同城其他主要报纸都侧重报道本省动态,具有地方特色。本报的主标题《我省成品油价格再上调》,Z报的主标题《油价又涨了》,两相比较,本报的标题叙事客观冷静,导向把握得较好。

同城报纸关注的消息,还有"郑州中招政策有变化"、"红顶煤商落马"、"郑州某公司将过期食品更改日期"等。本报都及时进行了报道。其中对"红顶煤商落马"的消息,Z报在一版突出处理,本报则刊发在二版,相比之下,本报的处理较为稳妥。

本报的《我省黄河以南今明有大雨》是经常出现的气象预告消息,在平时也许价值不很大,但在眼下麦收时节,由于对农业生产的服务性较强,因而具有较高价值。将其刊发在要闻版一版,表明对该稿定位准确。同城其他报纸没有刊发类似消息。

2006年5月30日

今日的焦点新闻是"调控房地产市场文件出台",这条新闻与民生有关,读者关注度非常高。

对该消息,通过与中央和同城报纸比较可以看出,本报的处理是较有力度和特色的。这主要表现在三方面:

一、版面安排非常醒目。本报将其安排在要闻一版头条位置,并且占据较大版区,还加上框线和图片,处理得特别突出,很能吸引读者眼球。《人民日报》、《经济日报》、《光明日报》等报将该消息安排在报眼位置,头条安排了"胡锦涛对黑龙江森林扑火作重要指示"的消息,这样处理是合适的,因为中央报纸的报道重心与地方报纸不同。而本报作为地方报纸,对新闻的判断应该有所区别,以更多地体现接近性,因此将该房地产市场调控消息安排在头条是恰当的。同城其他主要报纸,只有Z报将房地产调控的消息作头条稿件刊发,其余都是在一版以导读形式刊发,总体上不如本报处理得醒目。

二、报道数量足,内容很充分。不少报纸都是仅仅刊发了调控文件,而本报除了一版之外,在二版、三版头条都有报道,不仅刊发文件,还刊发了新华社的《8项硬指标调控房地产市场》的解读性消息,刊发了《四方热议2006年房地产调控细则》的反馈性消息等。比较起来,本报发稿数量多,稿件内容类型多,信息量更大,能很好地满足读者的需求。

三、标题凸显了事件的新闻价值。本报的主标题是《8项硬指标调控房地产市场》。Z报、J报等报的主标题是《个人房贷首付下月提至30%》,副标题也没有提及中央调控房地产市场这件事。相比之下,本报的主标题看似平常,却准确地提示了核心内容,点明了这是一个"调控房地产市场"的大动作,由于该内容与社会各方关联度很高,使得事件的新闻价值得以凸显。另外,本报标题立足于宏观,视角还很符合政经大报的定位。

2006年7月10日

本报一版刊发了"130年中国人首次夺冠网球赛"的消息。经查,当日各报均未及时刊发这一消息,这是本报的独家报道。该稿在时效方面抢占了先机,是本报出现的当天最早的新闻,即凌晨2时48分的新闻。据了解,这与夜班编辑较强的新闻意识有关。夜班编辑不仅关注赛事,还对赛事做出了预测,由于心中有数,事前准备充分,因而能在比赛结束后迅速成稿和安排版面,使得中国人夺冠的消息能够及时与读者见面。这也表明,报纸要获得独家性,争抢时效仍然是有效手段之一,那种认为报纸已经没必要争抢时效的看法是片面的。

该稿的标题也比较抢眼。引题《自1877温布尔登网球开赛至今》对赛事的悠久历史、较高规格,以及中国人夺冠的时间跨度都作了必要的背景交代,句子不算长,但包含的信息量却很丰富。这样一个句子,能告诉读者许多信息,必然会使读者注目。主标题《130年中国人首次夺冠》简明地点出了核心事实,并隐含了记者的新闻价值判断,又运用"130年"和"首次"等关键词,起到了迅速吸引读者的作用。

该稿被配以较大幅的图片,还加了框线,并且以较大的块头安排在要闻一版中心区位,非常醒目。能将体育消息在要闻版做出如此醒目的处理,也是新闻理念更新的一种表现。

2006年7月26日

全国县乡两级人大换届选举开始,这是重要的政治新闻,今天,中央各主要报纸都刊发了这方面的消息。同城主要报纸,除了本报之外,Z报、W报、J报也都予以披露。但对此消息,在同城报纸中,只有本报与Z报处理得比较醒目,例如都是刊发在国内新闻版的头条位置,篇幅也较大。整体看,本报与Z报的处理手法不相上下。从中央到地方,各级主流报纸都如此看重这条消息,这也表明,主流报纸的新闻价值判断具有共性,本报很好地遵循了共性规律,做出了准确判断。

本报一版刊发了《我省三家医院尝试按病种付费制度》,这是有关民生的较为重要的新闻,将其安排在"中央政治局集体学习"的头条消息之下,显示了本报对民生新闻的重视。该消息也是今日省会多家报纸的头条消息,足见分量之重。借此还可进一步判定,本报对该消息的处理是及时的,安排的版面位置是适当的。

2006年8月5日~10日

自5日以来,本报与同城其他报纸相比,要闻版有三篇独家稿件显得非常突出。这三篇稿件分别是通讯《长垣的长处——

长垣县域经济发展解析》、社评《一定要把好事办实办好——听农民说新农村建设》、述评《要在热运行中注重冷思考——用科学发展观统领中原崛起述评之一》。

这三篇稿件的共同特点是选题重大,立足点高,针对性强,很好地体现了省委的有关指示精神。《长垣的长处——长垣县域经济发展解析》一稿,通过对个案的详细追踪,反映了县域经济发展的普遍规律;《一定要把好事办实办好——听农民说新农村建设》一稿,通过农民之口,对当前新农村建设中的倾向性问题做了全面论述;《要在热运行中注重冷思考——用科学发展观统领中原崛起述评之一》一稿,很好地运用辩证思维,引导人们正确看待当前我省的经济运行状态,以始终保持清醒头脑,把科学发展观落到实处。

其中,《一定要把好事办实办好——听农民说新农村建设》和《要在热运行中注重冷思考——用科学发展观统领中原崛起述评之一》这两篇稿件,不仅肯定工作中的成绩,还明确指出了存在的不足,这在以往的要闻版头条中并不多见。这也反映出贯彻科学发展观带给人们的思维变化,展现出一种新的气象。

三篇稿件的写作都很考究,其中两篇还很有创意。《长垣的长处——长垣县域经济发展解析》大量引用引语,并且将引语用楷体字标出,不仅醒目,而且使人读起来不觉得沉闷。《一定要把好事办实办好——听农民说新农村建设》借用农民的话语来表达作者的观点,改变了评论的常规写法,在评论写作方面进行了大胆的尝试。

综观5日以来本报的报道,总体感觉是"重的很重,轻的太轻",重点报道非常到位,体现出政经大报的风范,但一些非重点报道重复内容多、新鲜内容少、信息含量少,这是需要引起注意的。

2006 年 8 月 22 日

本报要闻一版刊发的《我国青少年体质 20 年持续下降》，是一则与千家万户有关的读者面很宽的具有较高新闻价值的消息。与同城其他报纸相比，本报将此稿安排在重要位置，显得非常突出。此外还为该稿配以较大的图表，使之图文并茂，进一步增强了易读性。该消息是夜班编辑综合多种稿源而改写的，这样更利于表达自己的编辑思路。总之，从选题到编排手法，这都是本报的一次大胆尝试。

今日同城报纸相同的新闻比较多，还有两则值得关注，一是"省会交通新规首日执行情况"，二是"我省发现一例致死性失眠症患者"。

有关郑州交通新规首日执行情况，同城主要报纸分别从两个角度报道，一是执行情况，二是提醒人们新规执行要动真格的了。报道执行情况的有本报（标题《处罚太难效果不佳》）和 Z 报、W 报、J 报等。报道"新规执行要动真了"的有 D 报（标题《行人闯红灯，真的罚款了》）等。比较起来，本报选择了问题反思的角度，不仅符合报纸定位，也较有深度。此外，本报的内容也较为丰满，对几个关键信息点都有触及，例如对个人违规是否牵连单位等问题都作了客观反映。当然，各报都有所长，例如 J 报分别以《执法现场》、《各方看法》、《权威解释》、《记者手记》为分标题，将稿件分为四个部分，显得条理非常分明。总的看，本报与其他报纸报道水平相当。

有关"发现一例致死性失眠症患者"的报道，各报刊发的都是同一位通讯员的稿件，内容没有多大差别，差别主要体现在标题制作方面。本报的标题为《怪病笼罩家族半世纪，三代近十人相继去世（引题）我省确诊一例致死性失眠症患者（主标题）该患病家系我国前所未有，世界也属罕见（副题）》，这是典型的复合标题。该标题叙事准确，完整地提示了新闻要点，制作精到,比较规范。其他报纸也各有千秋。例如Z报的标题是《怪!致死性家族性失眠症(引题)曾夺家中十命,如今又袭他身(主标题)》,J报的标题是《半年了他从没熟睡过(主标题)这种失眠症遗传,现在还治不了,算上他全国才确诊两人(副题)》,D报的标题是《生活在睡不着阴影下的一家人(主标题)我省确诊一例……(副题)》,这些标题尽管不算很精彩,但都在力求与读者拉近距离,所体现的编辑制题理念都是不错的。

2006年8月30日

有关"胡锦涛在政治局集体学习时强调要努力办好让人民满意的教育"的消息,本报与中央主要报纸都在要闻一版头条刊出。不同的是,本报除了刊发这条消息之外,还配发了三条教育方面的消息(另有两幅照片),一是我省查处教育乱收费的,二是我省提前发放国家助学贷款的,三是反映兰州市小学入学难的。本报将这些稿件明确地框定在一起,进行了看似无意实则有意的组合。如此组合,不仅有利于凸显中央政治局这次集体学习活动的重要意义,而且有助于读者形象地理解胡锦涛讲话的内容。与其他报纸相比,在对新华社通稿的处理方面,本报的这项报道显得很有编辑思路,是充分发挥了主观能动性的。

2006年9月13日

今日,各报关注度较高的新闻是"审计署公布42个部门单位2005年度预算执行审计结果"。对比中央与我省主要报纸,总体印象是,本报对该消息的电稿的刊发和处理是得体的。这主要体现在两方面。一、对该消息应发则发。从其他主要报纸看,《光明日报》、《经济日报》没有刊发,刊发的有《人民日报》、《新华社每日电讯》,有同城的Z报、W报、D报等。可见,综合报纸应该刊发这一重要的政治新闻。二、对该消息的处理恰如其分。《人民日报》刊发在五版(《视点新闻》版)的头条,本报刊发在四版(《中国新闻》版)的头条,两家报纸的版面安排相当,这表明本报与中央党报的编辑思路很契合,具有相同的新闻价值判断。另外,同城其他报纸都将此消息做得较突出和醒目,例如W报在一版头条刊发导读,Z报以《屡审屡犯,多少部委还是乱花钱》为主标题等,相比可以看出,本报对该稿的版面处理和标题处理既不轻也不重,很好地把握了分寸,表现出对处理此类政治性较强的新闻的慎重态度,与机关报的身份是吻合的。

Z报在一版以《副省长街头查井盖》为题,D报在三版以《要把百姓的事当成大事》为题,报道了张副省长重视媒体曝光,12日上午到郑州市现场查看"咬人"窨井盖的消息。本报没有刊发这条消息。这条关系民生的消息,是省领导践行"以人为本"思想的具体体现,对全局具有示范意义。同时,这条消息还颇有妙处,它尽管属于正面报道,却又如同舆论监督稿,有利于解决群众关心的市政建设问题。总之,这是一条具有较高新闻价值的消息,本报作为省报,将其漏掉实在可惜。

2006年9月20日

本报近来发生一点明显变化,即新闻标题大量运用实题和单行标题,并且句子很短,比较精练,这与同城其他报纸形成了较大差异,彰显了本报的个性。这类标题的大量出现,使得整张报纸给人以节奏明快、清新秀丽之感,同时增强了易读性,可有效提高读者的阅读兴趣。另外,这类标题还进一步演变出巧妙的组合形式,例如18日综合新闻版的《艺苑风景》专栏的三篇稿件的标题。这三篇稿件的标题《〈飘扬的红丝带〉飘扬全国》、《〈山道上的女人〉赢得掌声》、《好军嫂吴新芬将上银幕》,由于运用了相同句式,将互不相干的新闻稿件串联起来,就显得很有整体感,效果不错。

国际新闻方面,各报关注度较高的是泰国发生政变的消息。《人民日报》仅在《国际新闻》版次要版位刊发了短消息,属淡处理;同城其他报纸,除了Z报作为一版头条消息做了显著处理之外,大都做了中度处理;本报在《国际新闻》版也做了中度处理,并且链接了两条背景资料,以帮助读者理解该新闻事件的含义。总之,多数报纸对邻国这一敏感消息的处理都较为谨慎。由对比可以看出,本报选择中度处理,分寸把握是得当的。

2006年11月5~6日

中非合作论坛北京峰会具有重要新闻价值。对这次会议的报道,本报独辟蹊径,在4日的第三版《河南新闻》版,以《活跃在非洲大地的河南人》为题刊发了整版的稿件,将这一国际新闻做了地方化的诠释,进一步拉近了与本地读者的距离,增强了可读性和信息含量。与中央和同城主要报纸相比,本报的该报道非常富有个性。

尤其值得提到的是,6日关于中非合作论坛北京峰会闭幕的消息,本报要闻一版头条的处理很有创意,与中央的《人民日报》、《光明日报》、《中国青年报》等报纸的处理格外不同。本报将会议合影照刊发在标题之上,并且安排了通栏位置,版面如此处理,在以前很少见到,因此令人有焕然一新之感。

2006年11月20日、21日、22日

20日,省内最重要的新闻是"郑开大道正式通车",省会各主要报纸都以较大篇幅进行了报道。总体看,各报异彩纷呈,各有亮点。本报除了一、二版的报道之外,另有四个版的特刊。比较起来,本报的亮点表现在三方面:一、要闻版突出报道了省领导在开通仪式上的活动,这与其他报纸的侧重点有所不同,符合省级党报自身的定位。二、以整版的篇幅刊发了对张副省长和郑州、开封两市市长的访谈，还有一个整版刊发了对专家和有关人士的访谈，显得格外有深度。三、两位专家的访谈，具有国际眼光、战略思维，不就事论事，立足点很高；四、整版地刊发了郑开大道的12个站点的故事，很有创意，可读性较强，也给读者提供了切实可用的信息。

21日、22日，吴邦国委员长到我省考察，比较同城其他主要报纸，本报对这一重要消息的报道最为充分，很好地发挥了党报的功能。另外，这两期报纸同时还报道了胡锦涛主席出国访问的消息时，在版面安排方面也是恰如其分。

22日同城主要报纸都刊发了"我省二胎生育政策不变"的消息。对这一关注民生的与广大读者息息相关的消息，大部分报纸都做了醒目的处理。Z报刊发在一版，标题是《针对放开二胎传言，省领导表示"我省不会开这个口子"》；D报刊发在二版头条位置，标题是《我省二胎生育政策不变》；S报在一版头条位置刊发了通栏导读；A报刊发在二版头条位置。对比可知，本报以《夫妻都是独生子女也只能生一个》为题刊发在三版不醒目的位置，处理得较为轻淡，分量不足，没有将其新闻价值充分彰显。

22日本报二版头条刊发的《近期粮价为何快速上涨》文章，既是独家新闻，又是备受读者关注的新闻，较之一版刊发的《长风劲吹鼓风帆》，更具有"要闻"的价值，若能相互调换位置，效果也许更好。

"豫西监狱联袂举行服刑人员就业洽谈会"，这是22日多家同城报纸关注的消息。这条消息，不仅事件新奇能吸引读者，新闻价值高，而且表达了建设和谐社会的新理念，宣传价值也很高，是很好地将新闻价值与宣传价值加以结合的消息。D报在十一版醒目地刊发，J报作为封面照片刊发，A报在一版头条做了导读。本报没有刊发这条消息，很是可惜。

2006 年 11 月 23 日

"国务院常务会议指出,社保基金不得侵占挪用"是今日要闻之一。这既是政策新闻,又是民生新闻,新闻价值较高。对该消息,本报在一版做了突出处理,将要闻"要"了起来。比较其他报纸,本报的报道角度是合适的。这体现在与多数报纸的角度非常契合。例如《新华每日电讯》以《社保基金:触高压线的要一查到底》为题,刊发在一版中区,选取角度与本报相仿;同城其他主要报纸也如此。

"省委书记帮杞县卖辣椒"的消息和评论,同城多家报纸都有。其中 D 报是作为一版头条刊发的。比较可知,本报对该消息在一版的安排,既很突出,又很适度,给读者的感觉是与其新闻价值很匹配,传播效果良好。

本报三版刊发的《建行推出合力贷,一人买房可以全家还贷》是与民生问题紧密相关的金融新闻,读者关注度比较高。同城其他报纸未见刊发,由此断定这是本报的独家新闻。

"郑州天然气短缺"的消息,为同城主要报纸共同关注。本报六版《省会新闻》版与其他报纸同步刊发,很及时。从标题看,本报的《天然气短缺,郑州如何过冬》比较有特点,例如设置悬念、拉近与生活的距离等。其他报纸也有值得我们借鉴之处,例如 S 报的导读《郑州燃气吃紧,优先保障民用》很简洁,朗朗上口,并且清晰地提示了核心内容。

2006 年 11 月 27 日

"娱乐场所不得设在居民住宅区"是各家报纸共同关注的新闻,同城的 W 报、J 报、S 报、A 报等均将其刊发在一版头条,足见其内容之重要。本报也在二版醒目位置刊发了这则新华社电稿,很及时和到位。

"我国第三大水电站金沙江向家坝水电站开工"，这是备受关注的国家级大型工程建设消息。《人民日报》、《新华每日电讯》除了刊发消息之外，还都另外配发了详细报道，这与本报的编辑思路很相似，由此判断，本报对此消息的价值认定和版面处理是准确的。同城其他主要报纸，只有Z报在一版刊发了简讯和照片。

"郑州500特警跨区作战演练"的消息，同城的Z报、J报等都予以刊发，但均晚于本报。本报已于26日刊发，在时效方面抢先一步。

2006年11月28日

各报均刊发了"人事部声明公务员考题没有泄漏"的消息。这是一条重要消息，读者关注度很高。本报将这一消息编排在《中国新闻》版头条，做了突出处理，对其新闻价值判断是准确的。

"乡镇机构编制五年内只减不增"，这是读者关注度较高的政策新闻，同城主要报纸只有本报和D报予以刊发。这表明，本报的选题具有个性。作为严肃报纸的党报，应该将政策新闻作为选题侧重点。

2006年12月13日

《温家宝考察北京粮油市场并看望部分困难群众》的新华社通稿，被《人民日报》、《光明日报》在一版刊发，也被本报在一版显著位置刊发。与同城其他主要报纸相比，本报对此消息的处理最为显著，很好地彰显了党报的特性。

"省会万余军民清淤东风渠"的消息，是同城各家报纸报道的重心，都被安排在一版突出刊发，还被有的链接了详细报道。本报在一版发了导读，在省会版发了详细报道，相比其他报纸，处理得也很到位。各报的报道内容，主要包括两方面，一是劳动现场,二是东风渠治理的历史和前景。本报的组照和两篇文字稿件已将这些内容涵盖,报道应该说是比较圆满的。另外,由于是同题作文,为体现差异,本报还在发掘独家内容方面下了工夫。例如,只有本报和 S 报透露了丁副市长关于今后东风渠的水源问题的回答,告诉读者"郑州市从黄河取水量不足指标的二分之一,水源有保证"的情况,有针对性地消除了读者的迫切疑问。其他报纸也有可资借鉴之处,例如 J 报披露了"市民三问"——为何臭了这么长时间才清淤、"这样的万人清淤有没有效率"、"市内其他两河何时变清"的情况,并披露了丁副市长的回答,这都有效地深化了事件的意义。

"郑州市进一步规范经济适用房的销售秩序"的消息,有关民生,读者面宽,新闻价值高,为本报和 Z 报、W 报、D 报、J 报所关注,还被 J 报作为一版头条新闻刊发。本报在省会版刊发,该发则发,非常及时。

"生态杀手黄顶菊入侵豫北"的消息,D 报、S 报、J 报今日刊发,均晚于本报。本报已于昨日在一版刊发。由此也进一步判定,本报昨日刊发的这一消息是独家新闻。D 报今日安排了一个整版,对此消息做了更为详细的报道,这种做法对我们很有启示,它表明,在某一报道失去时效优势时,还可以在广度和深度方面做些文章,从而与领先报道的其他媒体保持平衡。

2006 年 12 月 23 日

"郑州三大铁路工程启动"的消息,同城多家报纸都有披露。其中只有本报和 S 报处理得较为醒目。S 报在要闻版刊发头条导读,主标题是《西出站口将是高速客铁车站》,在二版、三版分别报道了三大工程。本报在要闻一版用大半个版面做了突出处理,比较起来,主要特点是稿件安排比较集中,很有视觉强势,另外在稿件组合方面,主打稿以《郑州三大铁路工程昨日启动》为题,以下统领三篇介绍三大工程的小稿,具有很强的层次感,眉目格外清秀。

2006年12月24日

有关"中央农村工作会议召开"的消息,本报与《人民日报》、《光明日报》、《经济日报》选用的稿件、标题基本相同。这表明,本报在重要时政新闻处理方面,与主流媒体的价值判断是契合的。《中国青年报》、《新华每日电讯》的选稿角度略有不同,主标题是《中央农村工作会议透出三大信号》,这是由不同的媒体定位所决定的,尽管没有可比性,但还是很值得我们借鉴。

2006年12月25日

有关"歌剧《木兰诗篇》在京演出"的消息,本报和D报、J报等报都作了突出处理。比较来看,本报不仅在一版头条刊发了消息,刊发了领导人观看演出的大幅照片和剧照,还在二版刊发了篇数较多的链接,显得特别醒目。另外,本报与其他报纸报道的不同之处是突出了领导人的活动报道,这表现了党报侧重政治性内容的报道特点。

2006年12月26日

岁末之际,多家报纸都开始策划"新闻盘点"。对这一同题作文,本报较早着手,策划也颇具特色。

"新闻盘点",可通过梳理纷繁的新闻事件,帮助读者清晰地把握社会发展脉络;可通过串联"碎片化"的新闻事件,给读者提供一个较为完整的社会生活画面,这是一种很受读者欢迎的新闻手段。这种手段已沿用多年,想要出新的确不容易。但本报知难而上,近期仍然创新性地进行了几项有关策划。

一是"多彩2006"系列报道。这是对普通人物的"盘点"。

已经报道的人物有矿工、新村移民、投递员、股民、公司经理等。组稿通过"盘点"普通人的工作和生活，折射了河南这一年的显著变化。该"盘点"突出的特点是以人物为主线，切入口很小，却又以小见大。当然，还具有与读者贴近的特点。

二是"科学发展又一年"系列报道。这是对全省经济社会发展成就的"盘点"。时至今日已经报道的有生产总值、粮食总产、城乡居民收入、外贸出口能力等四个方面。该"盘点"突出的特点是以数字为核心内容，解读数字背后的故事，形式很统一，便于读者形成整体的清晰的印象。另外，这个"盘点"刊发在省委经济工作会议之前，可以说是为会议做了较好的舆论铺垫。

三是26日的《省会新闻》版（八版、九版）。这是个通版，主标题为《2006省会新闻搜索排行榜》。在内容方面，该版进行了很好的梳理。例如分别以"亮点"、"重磅"、"影响"、"热议"、"图说"等为关键词，"盘点"省会全年的重要新闻，有民生内容，有城建内容等，重点突出，脉络也非常清晰。从版式来看，该版设计清新严谨。这既是对称版面，整体对称，又不完全对称，局部不对称，非常符合当代审美，因而感觉很有时代气息。例如版心的组照并未安排正中位置，而是偏左；两侧的文稿和图片的面积、数量既照应又有明显错移。再就是细节处理很考究，给人以精致之感。

四是新闻视点版（十三版）。这是以全省经济社会发展"大事记"为形式的"盘点"。其突出特点是对每一件大事都配以记者评点，以便于读者深化认识。

总体看，这几项"盘点"紧紧围绕两条主线展开，即民生线索、社会经济发展重大线索，很好地体现了编委会"抓好两头"的报道指导思想。在形式风格方面，既有"大江东去"般的豪气，例如以上两个专刊和《科学发展又一年》系列报道；又有"小桥流水"般的雅致，例如"多彩2006"，这可以满足读者的多种需求。与其他报纸相比,本报的这几项"盘点"个性鲜明,称得上是"这一个"。

2007 年 1 月 4 日

在形式创新方面,比较各报,本报有两处非常突出。

一是要闻一版报眼的导读。这个导读很特别,因为它导读的是同一版面的重要稿件——《访国学大师季羡林》。照惯例来看,这是重复,是浪费版面,但仔细品味,却发现并不是那么回事,它带来的效果是良好的,因而是值得肯定的。它对于推介本版重要稿件,比其他版面元素更为直接和鲜明;它对于处在一版下方的重要稿件,可以让稿件在报纸折叠时也能被读者看到。这种手法本报以前很少采用,可谓创新。这一创新表明,任何规矩都不是一成不变的,都可以大胆地突破。当然,前提是要能产生良好的效果。

二是六版、七版《人物》版的策划。这个通版刊发了 18 个省辖市党委书记的彩照和感言,以及领导班子的名单。这种形式令人耳目一新。它首次集中地刊发了各市领导班子的名单,及时报道了省辖市党委去年换届的结果,便于普通读者认识各市主要领导人,便于读者收藏资料。将此类报道刊发在《人物》版,可说是为稿件选择了一个合适的载体。之所以合适,是由于将领导人作为新闻人物来报道,与生硬的广告式展示有所区别,符合新闻操作理念,给读者的感觉也非常自然。

2007 年 1 月 17 日

对"赴苏丹维和部队出征"的消息,本报与同城的 Z 报、W 报、D 报、S 报都做了醒目报道。其中 W 报、D 报、S 报还将此消息处理为封面照片。相比之下,本报的处理手法比较别致。本报将该消息的文字稿和照片包框安排在要闻一版的中心位置,使之凸显出来,成为视觉焦点,成为事实上的头题,这样就避免了与其他重要新闻在常规的头条位置的"撞车",其手法既巧妙又得体。

有关"省纪委二次会议确定今年反腐重点"的消息,同城主要报纸都有报道,有的还处理得非常突出。例如 Z 报安排在一版,D 报在头条位置做了导读等。本报虽然安排在二版左下角,但标题字号比较大,仍然比较醒目。本报的标题是《2007 年反腐工作重点确定》,这与 Z 报接近。Z 报的标题是《省纪委二次会议敲定今年反腐倡廉重点》。本报的标题抓取了会议的核心内容,比较准确,并立足于宏观层面,符合政经大报的定位。J 报、W 报、D 报、S 报的标题则是从小角度切入,有的重点提示了去年领导干部受处分的人数,有的重点提示了今年将严查领导干部违纪案的动向,这些标题也许不算精彩,但与读者比较贴近,能吸引人,显示了以偏赅全类标题的独特魅力。

2007 年 2 月 6 日

今日同城报纸共同关注的消息是"我省劳动及社保工作会议透露政策动向"、"我省全面推广廉租房"、"我省严查劣质酒"等。本报在三版均刊发了这几则消息。

其中对社保工作会议,各报主要有两类报道角度。一是与民众关系密切的"最低工资标准将上调",以及"将消除零就业家庭"。选取这类角度的有 Z 报、W 报、D 报。二是不但与民众关系密切,而且政策改革力度大,具有实质性突破的"养老保险实行全省统筹"。选取这类角度的只有本报一家。比较来看,第二类角度着眼于重大政策改革,蕴含的意义较为深远,新闻价值也更高,理应成为政经大报的首选。可以说,本报的这一报道角度是非常适宜的,也是明显胜出的。

对严查劣质酒的消息,其他报纸与本报的不同之处是内容较为详细。例如 J 报以《郑州清查问题葡萄酒》为题报道了清查现场，W 报还链接了资料《如何识别葡萄酒》等。

2007 年 2 月 8 日

今日，本报的《中国新闻》版和《政教科文》版都刊发了《生活关怀》专栏，经济新闻版和省会新闻版也刊发了类似栏目，此类内容在不断增多，这是与同城其他报纸的显著区别。

往前追溯，2 月 6 日，《生活关怀》专栏还曾刊发在本报的要闻一版。该专栏当时刊发了一组针对性很强的稿件，一篇是《两招巧防春运病》，一篇是《安全选购烟花爆竹》。这在形式方面是个明显变化。从专业角度看，它表达了一种容易被忽视的新闻理念。

它表达的理念是：

第一，在要闻版，包括要闻一版，民生类软新闻应该占有一席之地。这就要求我们防止理念偏差，在对要闻的理解上，不要把要闻简单等同于重大时政类硬新闻，从而忽视民生类软新闻。只有一切以读者为重，将读者需要与否作为衡量新闻价值的主要标准，重视民生新闻，才能很好地体现"两个面向"的报道指导思想。

第二，从细节入手，努力向读者展示本报的亲和形象。于细微之处见精神，越是细节越能打动人心，这一点很好地体现于《生活关怀》专栏。该专栏在整个版面上，属于一个不起眼的局部，稿件很短，分量不重，但一个微小的生活提示，对读者却很实用，会给其带来许多温馨，使其对报纸更加亲近，更有好感，并有可能成为忠实的订户。

当然，要将这类专栏办得更好，还需要不断探讨。可供探讨的议题例如"如何内容出新"、"如何形式整合"等。

2007年2月28日

今日同城主要报纸都突出报道了国家科技奖励大会的召开。在会议程序报道之外,各报的"自选动作"具有明显差异。

从报道角度看,本报和其他报纸都很符合自身特性。本报的《我省获奖数量质量均创新高》报道了全省整体获奖情况,突出了地域性,视野比较宽阔;D报、J报、W报分别以主标题或副题或分标题突出了"我省农民企业家李官奇获二等奖"的事实,拉近了与普通人的距离;S报突出了获一等奖的"洛玻"生产的玻璃占据手机显示屏市场八成的情况,可谓"在商言商";Z报也是报道了全省的获奖情况,凸显了党报应有的关注点。

从新闻标题看,将本报的标题《国家科学技术奖励大会豫军展风采(引题)我省获奖数量质量均创新高(主标题)》与Z报的类似标题相比,我们可以找到某些借鉴之处。Z报的标题是《我省13项成果获国家科技进步奖(主标题)获奖数量创历史新高,洛玻集团"超薄浮法玻璃"项目获一等奖(副题)》,其主标题比较实,具体、准确地表达了核心事实;副题将"获奖数量创历史新高"这句较为抽象的话作为对主标题的补充,相得益彰;副题还补充了"洛玻获奖"这一主要事实,比较周全。本报的引题采用了"展风采"一词,主标题采用了"创新高"一词,这些词语比较抽象,难以给读者留下深刻印象。而且,本报这则标题的引题和主标题同时以虚题形式出现,这不符合标题制作的基本要求。

2007年3月8日

与同城主要报纸相比,今天本报的稿件和版面出现了几个亮点。这几个亮点,在内容上能紧密围绕民生问题做文章,在版面上能进行大胆创新,很好地体现了编委会的办报思路,值得肯定。"亮点之所以成为亮点",具体体现在以下方面。

一、《谈话》版的主打稿《普通百姓的民生期盼》,是对普通百姓的访谈稿件。访谈对象包括农民、下岗工人、低保户、退休工人等,内容涉及合作医疗、进城务工人员待遇、医疗费用、廉租房建设、城市环境等。这篇稿件的特点,一是从普通人的视角来看待民生问题,与读者非常贴近;二是报道时机把握得特别好,恰逢全国"两会"召开之际,能与会议代表所讨论的主流话题遥相呼应,不仅向"两会"传递了普通人的声音,而且加深了普通读者对"两会"议题的理解,具有时宜性,既实现了新闻价值,又实现了宣传价值,效益是双重的。

二、《焦点网谈》版的《网友:我向总理提问》,选题比较新颖,这种以网友向总理提问的形式,以前比较少见。这种形式,一是很好地传达了民意,凸显了正在召开的全国"两会"的会议议题;二是鲜明地表现了网络的特征,具有个性;三是从一个侧面反映了会议的开放的民主气氛,传播效果积极。另外,相关链接由于内容适当、形式多样,例如配有《中央领导关注网上民意》的文字资料,配有《两会热点问题调查》的图表资料等,从而深化了主打稿的内容意义。

三、二版全国"两会"专页,版面主题突出,平面设计比较严谨,非常清新悦目。更重要的是,它没有承载转版的稿件,这与往日很不相同。今日将大段的转版稿件安排在要闻三版,这样处理是符合逻辑的。因为,从版次来看,二版的重要地位显然优于三版,没有理由首先将二版作为承载转版稿件的版面。从小的方面看,这样还更便于读者翻看转版的稿件。如此版面安排的革新,看似一小步,实则一大步,因为它改掉的是多年形成的惯例,实属不易;它以读者为重,践行新的新闻理念,实现了观念性转变。

2007 年 3 月 9 日

今日本报与 D 报的不同点之一,是 D 报显著报道了"河南女工捐献干细胞救助天津学子"的消息。此类选题屡见报端,似乎已经较少新闻价值,但 D 报依然特别关注,这颇能引发我们思考。应该看到,这类选题与当前有关和谐社会建设的报道需要非常契合,适当地重复见报并非不可。问题不在于选题是否重复,而在于如何报道创新。比如农民工问题报道,选题并不新颖,但媒体仍然在做,而且做得有声有色。捐献干细胞类的报道也是如此,是完全可以从不同角度、不同侧面做出新文章的。

2007 年 3 月 21 日

农历二月二宝宝扎堆理发,这是今日同城各主要报纸共同关注的消息,本报和 D 报、J 报、Z 报、S 报都有披露。对比各报,不同点在于,本报采用的是新华社图片稿件,并且是来自安徽省的消息;其他各报则是自采新闻,报道了郑州市当天的有关动态,角度也各有侧重。

对这一普遍发生的颇受关注的民俗事件,按说应该就近选取新闻素材,尽量体现接近性和独家性,但本报却没能做到,很可惜。好在本报编辑及时选用了新华社稿件,尽管在接近性和独家性方面有些缺憾,却没有遗漏这一事件,与其他报纸同样表现出较强的新闻敏感性,这一点值得肯定。

2007 年 4 月 19 日

今日同城主要报纸的要闻版头条都是炎黄塑像落成庆典的消息。将各报头条稿件加以比较,可以看出,本报有两点独特之处,也即亮点所在:其一,运用了通栏的大幅照片。如此大幅的照片,不仅与高规格的庆典活动相对应,而且视觉冲击力很强。这种处理方式近年来在本报是首例,是大胆创新。其二,引题比较精彩。引题由"和谐盛世,万龙归宗"八个字构成,准确、简洁、生动地提示了庆典的意义,值得玩味。

其他报纸在照片方面,与本报不同的是,都没有用中景照,而是采用了会场的全景照。这也有一定道理,因为全景照便于读者形成整体印象。在标题方面,除了本报之外,Z报也很有特色。其标题是《炎黄立天地,凝聚赤子心(主标题)炎黄二帝巨型塑像落成庆典昨隆重举行(副题)》,其中主标题融新闻事实和意义于一体,富有文采,立足点也高,值得我们欣赏。还有一些报纸的标题,对庆典者人数的表述,或者是夸大,给人以不真实的感觉;或者是局限于现场,揭示不出事件的宏大意义,对此我们应引以为戒。

2007年4月25日

今日同城主要报纸都刊发了名称不同的《中博会特刊》。比较来看,本报最为精彩。这主要表现在四个方面:一是规模大。单日出版48个版,特刊16个版(单独一叠),这在本报均为首例。其他报纸,D报4个,J报6个,Z报4个,W报10个(大多是半个版),都没有分印成叠。二是内容立意高。本报刊有中部六省战略地位综述,有中央领导人指导中部崛起的言论,有我国东部、西部、东北地区发展战略介绍,这些背景资料能使读者从宏观角度认识此次中博会的价值,很好地显示了党报应有的高度。其他报纸没有这些内容。三是版面内容梳理有序,层次分明。其他报纸尽管也有梳理,但不如本报清晰。四是版面设计很别致。以瘦长的大包框做出类似瘦报的效果,给人以时尚的感觉,这在本报属于首例。另外,将各版的内容提要同时配发英文,既方便海外宾客阅读,又很好地表现了此次会议的开放性质,这种形式与同城报纸相比是独特的。

其他报纸也有值得借鉴之处。例如D报的头版导读标题《万事俱备,静待客商》很有动感,准确地反映了会议时下的状态,新闻味较浓;Z报报道了六省省会城市参展的情况,选取了适合省会报纸的素材,表现出明确的定位意识;W报以"记者连线"的形式报道了中部其他省会的市民对中博会的看法,很有创意。

2007 年 5 月 15 日

本报今日比较出彩的报道在《人物》版。该版报道的三个人物,都是总书记来河南视察时与之交谈较多的普通人。这几个人物因与总书记相联系而颇受读者关注,具有较高的新闻价值。该报道以普通人为素材,映衬了一个重要事件,进一步深化了事件的意义,这种形式与今日各报相比,是独家的,很有创意的。同时,该报道作为总书记河南之行的延伸报道,在充分利用新闻资源方面,是一个成功的范例。

有关"五大举措提高企业职工工资"的消息,本报在要闻二版显著位置刊发,处理得比较醒目。同城的 W 报、D 报、S 报等也都做了醒目处理,有的还将其作为封面头条。《人民日报》刊发在 15 版《经济新闻》版头条位置,与"将开展国企职工工资调查"的消息并列。《新华每日电讯》采用的角度有所不同,标题为《5 年内力争所有企业建立工资集体协商制度》,凸显了其中的关键性政策的内容。W 报、S 报也有与其类似角度的稿件。比较看,本报的处理手法与《人民日报》接近,是较为慎重的,是准确把握的,是适宜的。

本报《郊县打响"生源保卫战"》一稿报道的消息,同城多数报纸也都刊发。不同的是,本报没有局限于登封市的个案,而是将其与郑州郊县的整体情况联系在一起,报道比较有厚度;其他报纸,有的虽然侧重个案报道,但突出了"强制保送尖子生"的事实,明晰地反映了新闻点。就这件事的报道来看,本报与其他报纸是各有所长。

2007 年 6 月 21 日

本报和同城的 D 报、J 报、S 报,以及北京的《新华每日电讯》等报纸,都突出报道了"广东九江大桥坍塌,俩河南人舍命拦车救人"的消息。比较各报对这一消息的处理方式,可以看出,本报的方式最具有强势。这主要体现在两点。

其一,稿件处理较为醒目。将突发性的好人好事消息刊发在要闻版头条,在本报并不多见,这是需要打破定式思维的。另外,将主打稿安排在头条位置,并且配有一篇评论(《向正直善良的心灵致敬》)和 3 幅图片,如此处理,图文并茂,既能使稿件具有较大块头,形成视觉强势,准确表达编辑意图,又不会像长篇文字稿那样黑压压一片导致版面沉闷,效果是良好的。相比其他报纸,本报报道的明显不同是,头条、评论、图片这些形式或体裁同时显现于一版,非常集中,因而更能引起读者注目。D 报是将该消息作为头版头条导读,J 报则是将该消息作为封面照片来处理的。

其二,评论的力度比较大。本报配发了社评,同时在《焦点网谈》版配发了几乎一整版的网友评论,多种手段相辅相成,充分表达了自己的声音,也进一步深化了事件的意义,营造了较为浓厚的舆论氛围。对该消息,各家报纸使用的都是新华社通稿,如果缺少独家内容,形不成差异,报道就会流于一般化,因此,本报配发自己的评论显得尤为必要。其他报纸,除了 J 报配发了约 300 字的"网友盛赞"类似评论之外,都没有配发评论。本报正是由于自己的社评和整版的网友评论,才与其他报纸拉开了距离,形成了非常鲜明的特色。

其他报纸在用图方面值得我们借鉴。例如 D 报、J 报都采用了一幅示意图,即两位英雄在断桥处拦车的场景,很直观,能使人一目了然,形成深刻印象。

2007 年 6 月 22 日

本报要闻二版又发出后续报道《英雄被发现的前后经过》。

这是本报特派记者的稿件。同城报纸,只有本报与 D 报迅速派出了自己的记者,及时跟进报道。对于后续报道,本报编委会和采编人员的反应如此迅捷,这表现出较强的新闻敏感性,表现出很强的责任心,表现出高度的职业精神。

从报道角度来看,本报的这篇稿子有别于其他报纸,是独家的,也是较为新颖的。本报侧重报道"英雄被发现的前后经过",提供了读者颇感兴趣的新闻事实,很有针对性,也很有故事性,令人乍一看标题就会立刻被吸引。报道英雄人物被发现的过程,反映其高尚的精神境界,传播效果也很积极。另外,作为后续报道,首篇内容为"英雄被发现经过",与事件的演进顺序相对应,给人的感觉是采访活动很有条理。

2007 年 6 月 29 日

对"6·15"断桥拦车救人英雄的后续报道,至今日,本报已刊发了自己采编的 14 篇文字稿和 22 幅照片,整体报道已经显示出一个清晰的轮廓。

现在来看这组后续报道,应该说是很成功的。成功之处主要有三点:

其一,选题很准。这个选题,既有较高的新闻价值,又有较高的宣传价值,二者完美结合,不可多得。它的新闻价值高,在于断桥拦车救人事件非常特别,特别的救人行为特别能引起读者兴趣。它的宣传价值高,在于事件能够弘扬正气,有利于树立河南人的良好形象。因而,选择这个素材做报道,并且将报道做得规模较大,加以凸显,是对其新闻价值和宣传价值给予准确判断的表现。

其二,组合很好。这组报道运用了多种体裁,并且进行了有机组合。在体裁方面,除了作为主打稿的消息稿之外,还有社评、网友评论、座谈纪要、诗歌、照片等,体裁比较丰富。多种体裁表现同一个事件,能给读者留下深刻印象。在组合方面,21日配发的社评和网友评论,与主打消息相得益彰,使得该消息格外引人注目;21日的社评、网谈和29日的座谈会纪要(类似评论),形成了两次评论高潮,一次在起始,一次在结尾,起伏有致,显得颇有章法。

其三,反应迅捷。这次事件发生在广东,本报尽管远离现场,没能独家报道现场,但却及时地找到了自己的视角,迅速跟进,做出了精彩的后续报道,这是具有较强新闻敏感性的表现,也是采编系统具有快速反应能力的表现。正是这组后续报道,使得这次事件的信源得以充分利用,使得本报没有遗漏本该属于自己报道的重要新闻,在与其他报纸的竞争中争得了主动权。

本报的这组后续报道成功的因素固然很多,但首先得益于成功的策划。因为,从选题确立到记者出击,从版面处理到组织座谈,哪一项都离不开强力的策划。总之,对于这次报道,策划方面的经验是很值得总结的。

2007年8月2日

今天,本报以3.5个版面的篇幅报道了陕县69名被困矿工全部获救的消息,报道效果良好。

该组报道主要有这样几个特点:

其一,主打稿信息含量大。在要闻一版显著位置刊发的《69名被困矿工全部获救》作为主打稿,报道了被救矿工走出井口的现场,其中有第一名、第二名、最后一名获救者走出井口的情形,有领导同志守候在井口的情形等,现场感较强,还提供了一些生动的细节,内容丰富,颇能满足读者对该事件结局的强烈的知情欲。

其二,多种形式相得益彰。这个报道组合,体裁形式多样,既有时下动态,又有事件回放;既有一定量的文字稿件,又有较大量图片稿件；既有消息，又有评论等。版面类别也很多样，既有文图混合版，又有图片专版，还有网络部的《焦点网谈》版。所有这些形式相互映衬，更容易给读者留下深刻印象。尤其值得一提的是，《焦点网谈》版本身形式也很丰富，例如刊发了《各网站转发大河网快讯一览》等链接稿件。

其三，评论力度比较大。这个组合配发了评论员文章，还配发了《网友盛赞生命奇迹》的类似评论，这与其他报纸相比，评论总量是比较大的。评论的有力配合，很好地解读了事件的内涵，彰显了事件的重要意义，同时也创制了本报的独家内容。

其四，浓墨重彩颇相宜。报道这样一个重大事件，不仅需要有质量，也需要有数量。否则，仅有质量而没有数量，没有一定的篇幅，也不易使内容凸显出来，不易引起读者关注。从这一点来看，该组报道在量的方面是适当的，所使用的浓墨重彩与此次事件的重要性是相匹配的。

这组报道又一次展示了本报的很强的新闻策划意识，以及快速的反应能力和较高的协同作业能力。

2007 年 8 月 15 日

今日各家报纸都报道了"湖南凤凰大桥 13 日突然坍塌"的消息。其中《人民日报》在二版刊发了两条消息，一是大桥坍塌，二是国务院秘书长前往慰问。同城的报纸大都做了突出处理，D 报还在一版刊发了大幅照片导读。比较起来，本报的处理明显不同，仅在四版《中国新闻》版的右下角刊发了一幅小照片，是非常淡化的。本报如此处理，应该说是很有道理的。原因在于，本报刚刚浓墨重彩地报道了我省陕县"7·29"抢险救援成功的消息，在此情况下，如果紧接着突出地报道湖南凤凰桥事故，就会形成鲜明的对比，有可能使人产生负面的联想，好像我省刻意映衬自己。对凤凰桥坍塌的消息，中央报纸可以突出报道，因为它们处于超脱的地位；同城其他报纸可以突出报道，因为它们不是河南第一报纸，无关宏旨；本报却不能，因为本报作为我省第一报纸，既然被看做是河南的声音，就不能不顾及兄弟省的感受，适宜低调处理。总之，本报对此消息的处理很讲技巧，既不遗漏，也不渲染，恰到好处。当然，对这样一个典型事故，在常态下，还是应该充分报道，以满足读者的信息需求，本报这种淡化处理手法属于不得已而为之，是特殊情况下的特殊处理，不可经常使用。

2007年8月29日

近期，本报新闻版的主题性专栏出现的频度在不断加大，几乎每天都有。例如今日五版的《新农合撑起农民健康保护伞》。往前追溯，例如21日四版的《物价上涨并非通胀前兆》、《全国生猪生产出现积极变化》，23日四版的《河南节能减排在行动》，24日四版的《河南农产品打出特色牌》，27日四版的《托起百姓的菜篮子》，28日十一版的《爱心托起求学梦》等等。

这些主题性专栏与普通小专栏的不同之处是，它由多篇相关稿件整合而成。注意，是整合，是有机构成，并非简单罗列而成。它有统一的栏题，主题鲜明，并且有一定规模，在版面上非常突出。其长处是能在版面上形成一个强势中心，以充分表达编辑意图，导引读者。这种形式很适应目前媒体竞争需要，因为纸质媒体在同新型媒体的竞争中，自身的优势在于信息整合，唯有进行信息整合才有可能实现独家性，唯有进行信息整合才能给读者以获取信息的便利，从而吸引读者。

本报新闻版主题性专栏频度的加大，将有利于把这种编辑手法固化成型，形成自己的一个特色。

2007年10月23日

今日各报都刊发了"新一届中央领导机构产生"的重大消

息,版面处理也大同小异。那么,在小的差异方面,本报处理得如何?通过比较,尤其是与中央大报相比,可以看出,本报版面的一些细节处理独具匠心,多有胜人之处。这主要体现在两点:

一、要闻一版的处理很醒目。该版与《人民日报》、《光明日报》相比,有三点不同。第一,《人民日报》和《光明日报》的报眼是胡锦涛、江泽民会见十七大代表的消息,本报则是召开十七届一中全会的图片新闻。这与《中国青年报》的处理手法相同。第二,《人民日报》、《光明日报》刊发了胡锦涛讲话的照片,本报则为了突出胡锦涛的个人像而省略了这幅照片。第三,《人民日报》、《光明日报》将中常委合影照刊发在四版,本报则是在一版刊发了这幅照片。总的看,这三点不同,使得本报一版的版面内容更加精粹集中,使得各个内容板块之间逻辑联系更为紧密,从而突出了这一重大新闻。本报一版报眼的场景照片,报道了选举新一届领导机构的一中全会,成为全会公报的由头;版面中心是新当选的中常委的个人照片,由于省略了胡锦涛讲话的照片,将胡锦涛的个人照提高到显著位置,使其更为醒目;下方的中常委的大幅合影,不仅与他们的个人照有了呼应,也有助于展示领导集体的动态形象。

二、要闻二版的处理很到位。二版将胡锦涛、江泽民会见代表的消息刊发在头条位置,配以较大幅照片,很醒目,与《人民日报》等报将其安排在一版报眼的效果是相似的。该版还刊发了中常委同记者见面的消息,以及胡锦涛会见解放军和武警部队代表的消息,在下半版刊发了中央领导机构其他成员的头像照片。该版将当日的几件大事都囊括其中,选稿很准确,搭配也很得体。《人民日报》、《光明日报》等报是将中央领导机构其他成员的个人照刊发在三版,二版是文字稿,在一版与三版之间似有割裂,比较起来,本报的一、二、三版更具有浑然一体之感。

2007 年 11 月 27 日

"嫦娥一号"卫星第一张月面图片发布,这是今天各报关注的新闻焦点。

对这一消息,中央和省会各报都予以突出处理。比较起来,本报的处理有四个亮点。

一是规模比较大。本报除了要闻一版之外,另有 4 个专刊,与其他主要报纸等量或者更多。例如《人民日报》1 个,《光明日报》4 个,《新华每日电讯》1 个,《郑州日报》1 个,《郑州晚报》3 个,《东方今报》2 个。从数量看,本报对这一具有重大意义的重要新闻事件的报道很充分,也显得很大气。

二是将要闻一版做成主题版面。如此处理,使得内容非常集中,特别醒目,令人印象深刻。尤其是将月面图片安排在版面正中位置,并以星空图片环绕,使月面图片产生珍重之感,更彰显了它的不凡价值。浏览其他主要报纸,仅看到 Z 报是主题版面。

三是 8—9 版的版面设计富有创意。这个连版,体裁多样,内容丰富,有消息、评论、背景链接等。其中几大板块经过梳理,布局颇有章法。例如版面居中位置由主打稿件———篇消息和一篇评论构成,左右两侧由《事件发展过程回放》构成,上方由温总理的诗作《仰望星空》、8 名探月工程专家照片构成,下方穿插有《人类探月大事记》等,都是各得其位。特别有创意的是,从版面横穿一条象征轨道线的红色曲线,不仅将左下角的地球图片与右上角的月球图片连接起来,将左右两侧分割的内容予以贯通,而且打破了直线板块结构的僵硬,使版面变得活泼,具有动感,同时也更有整体感。此外,所选用的温总理诗作的寓意深刻,主标题《千万里,我追寻着你》的贴切、生动,主打消息稿配发的半圆月球图片的空灵,其编排手法都可圈可点,颇耐人寻味。总之,该版面设计精细、构思巧妙,与其他主要报纸比较起来,堪称上乘之作。

四是配发了《人物》专刊。同题新闻想要出新必须有自己的独家内容,或者独家编排处理。本报在独家内容方面的成功之处,在于配发了《人物》专刊。专刊由7篇人物通讯构成,介绍了卫星发射中心的工作人员。其中5位都是河南人,这就进一步与河南读者拉近了距离。其他主要报纸,仅见《中国青年报》配发了整版的人物报道。

另外,《中国青年报》刊发了《月球探测离百姓有多远》、《太空技术改变人类生活》这两篇稿件,将事件的意义加以深化,这种报道思路对我们很有启发。

2008年1月4日

一、国际油价首破100美元大关,这是今日各主要报纸共同关注的焦点新闻。由于采用新华社通稿,各报的差异主要体现在选稿和编排方式上。比较起来,本报有三方面处理得很好。第一,选稿面比较周全,将主要稿件基本纳入,包括油价破百的缘由、今后走势、国际油价动荡史、西方国家反应、油价知识等。第二,对稿件加以梳理,以"事件"、"影响"、"反应"、"观察"、"分析"、"前瞻"等标识进行分类,使内容更清晰,便于读者浏览。第三,有自己制作的油价走势图表,图表简洁明快,比新华社的更易读。值得商榷的是,若能将"十大原油生产国和十大原油消费国"这一内容列入背景资料,是否会更完美?可以看到,《人民日报》、《新华每日电讯》、D报都有此类内容。

此外,尽管没有可比性,但值得我们了解的是,《人民日报》和《新华每日电讯》还刊发了独家新闻。人民日报社记者采写的是《油价破百,谁是推手》、《油价高烧,影响几何》。《新华每日电讯》记者采写的是《活在高油价时代,看我国经济如何适者生存》、《破百效应不必夸大,影响尚在可控中》等。

二、淅川9名被拐儿童获救,这是一起大案侦破消息,今日同城一些报纸均有披露。本报的消息同步刊发,很及时。比较起来,本报的消息不枝不蔓,主要内容要素齐备,尽管篇幅不长,但信息量一点也不少。在标题方面,本报与其他报纸各有所长。S报、A报、D报等,主标题都强调了"被拐儿童获救"的事实。本报标题《淅川12·24案件成功侦破(主标题)10名涉嫌犯悉数被抓,9名被拐卖儿童全部获救(副标题)》,主副搭配得当,主要新闻事实都被点到,并强调了"成功侦破"的事实。这是个较为规范的标题。

2008年4月1日

今日,奥运圣火欢迎仪式暨火炬接力启动仪式在京隆重举行,这一消息成为各新闻媒体关注的焦点。各新闻媒体对此不仅给予大篇幅报道,而且各显其能,也都在通过报道努力彰显自身个性。在这次同题报道竞争中,与同类的纸质新闻媒体相比,本报也赢得高分。

本报之所以赢得高分,在于当日要闻一版有个出彩的独家策划。

该版的独家策划主要表现在三个方面:独家配图,独家标题,独家的版面编排。

独家配图。该版刊发了两幅配图,一幅为世界的"4月1日—5月3日北京奥运会火炬接力境外传递"路线图,一幅为中国的"5月3日奥运圣火从三亚开始境内传递"路线图。这两幅属于新闻背景交代的配图,是其他报纸所没有的,具有显著的独家特征。配图简洁明快,清晰易读,可使读者一目了然,对火炬的境内境外传递路线有个整体把握。不仅如此,配图还隐喻了奥运会的意义,并起到了美化版面的作用。据了解,这两幅配图并非新华社供稿,而是本报编辑从网上搜寻得来的。另辟蹊径寻稿件,使得该版与其他报纸形成了很大差异。

河南日报

HENAN DAILY

4月1日 戊子年二月二十五

□中共河南省委机关报 □河南日报报业集团出版
□国内统一刊号:CN41-0001 □邮发代号:35-1 □第20729号 □今日16版

时代高度 中原向导

点燃激情
传递梦想

圣火到北京

胡锦涛点燃圣火盆并宣布2008年北京奥运会火炬接力开始 习近平致辞 周永康出席

从4月1日起,火炬接力将在世界五大洲和中国各地展开。8月8日,通过2万多名火炬手、13.7万公里传递的圣火,将点燃北京奥运会主体育场上的主火炬。

新华社北京3月31日奥运专电 点燃奥运激情,传递人类梦想,象征着和平、友谊、希望的奥林匹克圣火,31日上午延续第29届奥林匹克运动会主办城市中国首都北京。北京2008年奥运会圣火欢迎仪式暨圣火传递启动仪式在天安门广场隆重举行。中共中央总书记、国家主席胡锦涛在仪式上亲手点燃圣火盆,并宣布北京2008年奥运会火炬接力开始。

中共中央政治局常委、国家副主席习近平在仪式上讲话,中共中央政治局常委周永康出席仪式。

早春的北京,阳光明媚,惊风拂面。天安门广场上,五星红旗迎风飘扬。各族各界群众在这里隆重欢聚,喜迎象征和平、友谊的奥运圣火归来。广场上,花朵烂漫,彩旗飘舞,一派喜气洋洋。金鼓齐鸣、歌舞表演、京剧风采、武术方阵、民族舞蹈......婀娜多姿的文体表演,生动展示了中华文化的魅力和全国各族人民对北京奥运会的热切期盼。

11时许,嘹亮的乐曲奏起,威风凛凛、雄姿勃勃的党和国家领导人步入会场。3名奥运会圣火护卫人员手捧圣火火种灯登上主席台,受到会群众热烈的鼓掌欢迎。

（下转第二版）

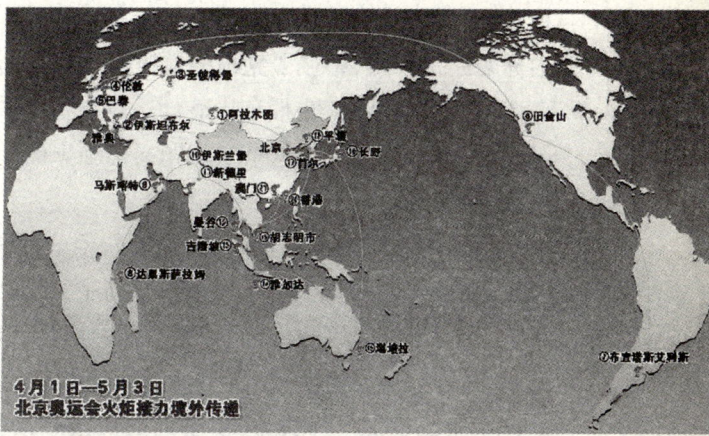

4月1日-5月3日
北京奥运会火炬接力境外传递

抵京 引火 传递

5月3日

独家标题。像这类消息的主打稿,在普遍采用新华社通稿的情况下,稿件可创新的空间有限,欲追求个性,也即独家性,通常是在标题制作方面多做文章。从标题制作来看,该版不仅有创新,而且比较到位。新华社原稿的标题是《北京2008年奥运会圣火欢迎仪式暨火炬接力仪式在京隆重举行(主标题)胡锦涛点燃圣火盆并宣布火炬接力开始,习近平致辞,周永康出席并到机场迎接圣火(副题)》。经过提炼,该版的见报标题是《圣火到北京(主标题)胡锦涛点燃圣火盆并宣布北京奥运会火炬接力开始,习近平致辞,周永康出席(副题)》。该版的这个主标题只有5个字,非常精练,概括性很强,便于吸引读者阅读。这个主标题还很平实,彰显了党报的端庄的风格。当然,平实不等于平淡,这个主标题其实很有味道,值得咀嚼。与中央和省会各主要报纸比较可以看出,这个主标题又是独家的。既是独家,又很出彩,两者兼而有之,称得上好标题。

独家的版面编排。新闻选题相同,但表现形式却可以千变万化;新闻选题相同,但表现力却有高下之分。一个是独家形式,一个是独家表现力,这两方面的差异靠什么形成?版面编排即是手段之一。编排是将各种版面元素加以组合,由不同的组合产生不同的文本样式,产生不同的效果。该版在这两方面做得都很出彩。

从形式来看,该版格外与众不同,形成了鲜明的差异。例如版面的稿件体裁构成,整版以图片为主,并且采用了两幅独家的配图,这就有了自己的特殊标识。

从表现力来看,该版有三个亮点。其一,以图片展示全景。该版除了较短的文字稿之外,主要用7幅图片展示新闻事件的各个关节点,构成了一幅完整的大画面,使读者仅凭图片就能获悉事件的概貌。在版面上,以胡锦涛高举火炬的特写镜头统领,报眼是仪式现场的群众场面,左下角是火炬接力的过程,右侧是两大幅传递路线图,所有图片有序组合,各得其位,浑然一体。与仅刊发单幅图片的一些报纸的版面相比,该版图片采用全景展示的手法,构思独特,特别能给人以"宏大"的感觉。其二,以图片交代过程。版面上的图片分为4个子单元,其中一个是"火炬接力启动",由3个中景镜头构成,简明地交代了仪式过程。3幅图片被分别注上"抵京"、"引火"、"传递"等文字标识,并以线条贯穿,这种独家编辑处理,很醒目,利于读者对事件的来龙去脉形成明晰的印象。其三,以浓烈色彩表达情感。该版运用色彩的独特之处是,以暖色相、高彩度的橙色和红色为基调,彰显了热烈的喜庆气氛。版面上,篇幅最大的中国地图,底色是大块的鲜艳的橙色,与上方的主体照片——胡锦涛高举火炬照片的天安门背景的大块橙色,强力呼应,共同构成基调色彩。与运用淡雅色彩的其他报纸的版面相比,该版给人的视觉感受较为浓烈。

该版版面的成功策划,为本报的版面创新记录又增添了亮丽的一笔。纵观本报近几年的创新版面,可以看到,力作接连出现,并在原有基础上不断超越。在创新版面中,还有许多像上述版面一样,属于同题报道,例如前些时刊发的"嫦娥一号卫星发布第一张月面图片"的要闻一版和专刊等等。这类版面创新作品的成功,为我们提供了积极的启示。它表明,对"规定动作",特别是其中的同题报道,创新的空间尽管有限,但仍然可以有所作为。能否创新,首先在于我们能否勇于打破思维定式。只有打破思维定式,认识到世界上没有什么事物是绝对的,没有什么事物是不可以变化的,就会以求新求变的态度来对待版面创作。能否创新,还在于有无创新能力。创新能力,很重要的一项是把握尺度的能力。太过了,越过了规定的界限,就会发生质变;力度不够,则表现不出创新,因而把握尺度不易,对尺度的把握颇能显示能力。在创新比较严谨的政治性强的版面时,把握尺度的能力更是必不可少。艺高人胆大,编辑一旦具备了较高的政治素养,具备了正确把握舆论导向的能力,以及艺术地运用各种版面元素的能力等,就可以挥洒自如,既从矩又逾矩,在不变中求变,积小变为大变,实现一定程度的突破,做出独家策划,做出精彩的版面。

2008 年 4 月 26 日~28 日

第十八届全国图书交易博览会在我省隆重举行,这是我省的一件文化盛事。与此相对应,书博会也成为河南新闻媒体即时关注的焦点,各媒体都给以突出报道。其中,本报是主流媒体,又是此次报道规模较大的报纸之一,我们便以此为样本,对书博会报道做一番浏览,谈点印象。

本报对书博会的报道从 4 月 21 日开始"预热",未有间断,至 29 日告一段落,共刊发文稿 57 篇、图片 43 幅、特刊 3 个、新闻版 6 个,报道量很足。

在报道"预热"阶段,也就是 21 日至 25 日,共发稿 6 篇,标题分别是:《书博会图书馆新书现采会举行》、《今年书博会六大亮点》、《书博会门票全部免费发放》、《书博会主会场展区总体框架出炉》、《弘扬主旋律,多出精品书》、《书博会免费门票发放时间地点确定》。报道分为四类。第一类是总体情况,报道了书博会的六大亮点以及展区布局;第二类是程序进行情况,报道了图书馆新书现采会于 20 日提前开场;第三类是与读者直接相关的情况,报道了免费发放门票的规则和时间地点;第四类是参展单位河南出版界的情况,主要报道了河南人民出版社的发展变化。应该说,在这一阶段,各方信息基本上是应有尽有,较好地满足了读者对相关信息的需求。其中,消息《今年书博会的六大亮点》是这一阶段比较有分量的报道,它重心突出,篇幅短小,便于读者快捷地把握情况,对书博会形成整体印象。专稿

《弘扬主旋律,多出精品书》属于背景性报道,有助于读者对我省参展单位的了解,的确是不应遗漏的一个报道方面。美中不足在于,这仅是个案,若能有个河南出版界改革发展态势的综述性报道也许更好。

27日,要闻一版大篇幅报道了书博会的开幕式消息。该消息由文字稿和图片稿共同构成,其中与通栏标题并列的通栏照片,场面宏大,格外醒目,很好地彰显了开幕式当日的主体内容。该版的报眼也比较有创意,此处编排了《本届书博会之最》,包括"面积最大"、"展商最多"、"活动最多"等提示性条目,这不仅可以吸引读者,可以丰富报道形式,还可以利用蓝色间隔点,使版面显得灵动一些,并与版面下方的蓝色间隔点形成呼应,以平衡版面构图。当日,还突出报道了党政领导的相关活动,报道了中宣部中央文明办向郑州少管所捐赠图书、新闻出版总署向郑州市流动儿童学校捐赠图书的活动,很好地把握了机关报的报道重心。展览会的现场报道,主要由3幅图片构成,形象直观。特别要提到的是,二版刊发的评论文章《彰显书香河南的文化魅力》,对书博会发出了本报的声音,很必要也很及时。

28日,要闻一版头条刊发了举行中国出版论坛及徐光春、柳斌杰等出席论坛的消息。一版至三版大量报道了书博会的消息。四版和五版都是特刊。当日报道有两个亮点:一是两个特刊的策划,二是对重要人物的专访稿。以下分别看看两个亮点。

先看两个特刊策划。一个文字稿版面,一个图片稿版面,这次没有像通常那样成为连版,而是以对称的刊头连为一体,看似分割,却不分割,给人的感觉是又回到了版面设计的起点,返璞归真。当然,它不是简单的复归,而是一种在更高层次上的复归。实现复归的主要手段在于刊头策划,是刊头策划成就了两个版面的统分结合。刊头位于各个版面的外侧,通版直立,以线装书为图案,以绳线为框线,以淡淡的土黄色为基调,色块逐渐向版心浸润,逐渐淡化,使两个版面左右照应,得以统一。这种手法,以当代的先进照排技术为依托,非昔日可比,绝不是简单的复归。

再看对重要人物的专访稿。一版有对新闻出版总署署长柳斌杰的专访《河南的发展变化让我感慨》,四版有对著名科学家杨振宁的专访《我的人生是一个圆》,对著名纪实文学作家叶永烈的专访《用心记录历史瞬间》,对台湾图书事业理事长陈恩泉的专访《黄河之滨我心飞扬》等。总体看,包括29日刊发的对北大教授李零和对《大秦帝国》作者孙皓晖的专访,这些稿件对采访对象的选择很准确,采访对象分别代表了一个领域,都有一定的知名度,也与图书出版有关,具有典型性,深为读者关注。这类稿件在数量上也很适度,没有因为自己较为软性、可读性强而膨胀。因为,人物报道仅是书博会报道的一个部分,它必须服从整体报道结构的数量规定。

29日,刊发了一个特刊。这个特刊,给人印象深刻的是几篇书讯,包括《〈奥林匹克宣言〉首次与读者见面》、《"焦述市长系列"书博会上受好评》、《〈拯救猝死〉亮相书博会》、《职场商战小说〈浮沉〉郑州出发》等。其中《奥林匹克宣言》首发式消息特别使人关注。该书在奥运会前夕推出,与奥运会这一重大国际事件相联系,意义深远;文稿来自现代奥运之父,百年之后才被寻找到,出版过程也很独特,让人好奇,因而它的出版消息具有更高的新闻价值,在众多书讯中尤其抢眼。当日还刊发了一个《焦点网谈》版,以网友交流的形式报道或评论了书博会。

对于此次书博会,本报"大事报道大处理",不惜笔墨,舍得下力气,报道数量和质量都很可观,在重大报道方面又一次形成高潮,充分反映了发生在我省的文化盛事,凸显了该事件,很好地起到了主流媒体的引领作用。

仅从今年4月份以来,本报历经的"拜祖大典"、"全国旅游交易会"等重大事件报道,加上这一次,无不体现了"大事报道大处理"的新闻报道理念。可以看出,这些重大事件报道屡获成功,一个重要原因,就是巧妙地运用了"大处理"手法。

2008 年 5 月 20 日

今日,本报共出版 8 个版面,集中报道了全国哀悼日第一天的活动,报道了抗震救灾活动。总体看,感觉版面处理特别有创意,也恰如其分,颇能给读者留下深刻印象。

要闻一版是主题版面,主要报道了昨天的哀悼日活动。该版的创意尤其突出。这主要表现在三个方面:

其一,图片用得好。整版采用一幅天安门广场降半旗的照片,这很有典型性,具有象征意义,内涵十分丰富。

其二,标题做得好。标题全文是《国旗为遇难同胞而降(引题)举国哀悼(主标题)昨日 14 时 28 分起,全国人民为汶川大地震遇难同胞默哀三分钟,汽车、火车、舰船鸣笛,防空警报鸣响……(副题)》。这个简洁的主标题,重在报道一条重大新闻,而不是单纯地表达情感,更具备新闻的特质。这个主标题以大字号、方形模块来造型,不仅格外醒目,而且起到了关键性的装饰作用。

其三,色彩配得好。全版黑色调、黑框线,唯独居于版面正中的天安门前半降的国旗印制了鲜艳的红色,"万绿丛中一点红",既突出了庄严的国旗,使人浮想联翩,又映衬了黑色,使黑色愈加凝重,很好地表达了哀思。这是一种高格调的用色方法。

其他的版面也都有许多值得品评之处。

二版:中央领导参加哀悼活动,这是当日各媒体最重要的头条消息,按照惯例,是要安排在一版的。但本报却打破惯例,先在一版报眼刊发标题,再将稿件安排在二版头条。如此处理,既给一版腾出做创意的空间,又丝毫不影响消息的受关注度,效果也是不错的。

胡锦涛 江泽民
吴邦国 温家宝 贾庆林 李长春
习近平 李克强 贺国强 周永康

**深切哀悼汶川
大地震遇难同胞**

河南日报
HENAN DAILY

2008年5月20日

向汶川大地震遇难
同胞致以深切悼

徐光春等省领导
和广大干部群众一起
肃立默哀三分钟

国旗为遇难同胞而降

举国
哀悼

昨日14时28分起，
全国人民为汶川大地震
遇难同胞默哀三分钟，
汽车、火车、轮船鸣笛，
防空警报鸣响……

三版:以大块黑衬底编发照片专栏,既营造了哀悼的气氛,又凸显5幅照片,凸显了这些主打稿件。

四版:全版报道了救灾中的国内动态。分别以《动态》、《进展》、《数字》、《现场》、《知识》等为栏题将稿件组合,内容梳理得比较好。

五版:全版报道了救灾中的本省动态。将《抗震一线的河南人》专栏置于版面正中,包框予以突出处理,使得版面内容主次分明。

六版:全版报道了此次救灾中的境外动态。版面设计严谨,几组照片的摆放错落有致,留白也很得当。报道方面,选取了国外的一些抗震救灾知识,很实用,为我们的救灾工作提供了有效的信息。

七版:刊发了题为《2008年夏:大爱永恒》的一组诗歌,还刊发了半个版的评论,从副刊的角度为抗震救灾报道进行了很好的配合。

八版:全版以《为逝者祈祷,为生者祈福》为栏题,刊发了多篇有关哀悼日活动的现场报道稿件,具有较强的现场感。版面的色彩处理与一版类似,以黑色为主调,惜墨如金地使用了少量的彩色。其中,公益广告《逝者安息,生者坚强》处理得非常巧妙,乍看不像是广告,与本版的主题非常契合,与本版的其他稿件紧密地融合为一体。广告上方的燃烧的蜡烛头,由于使用了彩色,与黑色网底相互映衬,营造出一种庄严肃穆的视觉效果。彩照报道了民众在郑州二七广场点燃蜡烛举行悼念的场面,彩照的使用强化了表现力,突出了蜡烛点燃的那种夜间悼念的气氛。

自汶川地震灾害发生之后,本报及时跟进,进行了大量的报道,无论稿件还是版面,都有许多可圈可点之处。经过不断的累积,时至今日,本报报道得以形成了一次小的高潮。可以认为,在救灾报道方面,这里既是对今日本报的品评,也是对此前本报的品评。

2008 年 8 月 26 日

对北京奥运会,本报进行了充分报道,稿件、版面不仅数量大,而且质量高。奥运会开幕期间,开设了以《奥韵华章》为题的《奥运特刊》,每天 4 个彩色版面,共出版了 17 期 68 版。这个特刊,版面设计新颖,内容丰富多彩,尤为令人瞩目。奥运会结束之后,8 月 26 日,《奥运特刊》又特地出版了一期收藏专版,为奥运会报道画上一个圆满的句号。在此仅以该期专刊为例,管窥一下《奥运特刊》的风貌。

8 月 26 日的《奥运特刊》是一个富有创意的精美的特刊,是一个颇具收藏价值的特刊。仔细品味,感觉它有四大亮点。

其一,大胆采用了异型版面。竖立的连版,由于不常见,偶尔用之,产生了焕然一新之感。这种版面,字号和图片都可以比对开版面扩大许多,更为舒展,冲击力特强,显得非常大气,可以恰当地因应奥运会这一重大事件。

其二,精心提炼和整合了信息。这是一个内容总括式的版面,面对庞杂的奥运会信息,两页专刊以《典藏奥运之经典》为主题,提炼出三个精华板块:51 枚金牌的获得;10 个最具个性的运动员;10 个最令人难忘的运动场上的瞬间。这三个板块分别以《金典》、《人物》、《瞬间》为题,将信息加以整合,显得眉清目秀,便于读者记忆,使读者过目不忘。此外,整合的内容和形式也有独特之处,例如将 10 个人物和 10 个精彩瞬间由本报自选,以体现独家眼光;例如《金典》板块,以 16 天的时间为轴线,贯穿报道了我国运动员每日的夺金战况,并分别配有一句话点评,以区别于其他报纸。再如标题,第一页版面统一采用对仗句式,《开门见喜,霞女首金》、《妈妈冠军,跳水姐妹》、《王者归来,剑客挑金》等 16 个标题,不仅精练,读来朗朗上口,而且使内容和版面更有整体感。

其三,版面设计时尚、精美。这是个相当完美几乎无懈可击的版面。版面色调统一,并且整体上使用了低饱和度的色彩,这种用色技巧,再加上穿插的英文,给人以时尚的感觉。其中较多使用的灰蓝色与淡红色,与志愿者服装和我国运动员服装的色调近似,还很容易使人产生特定的色彩记忆,犹如身历奥运现场。版面设计动静结合,既端庄又活泼。例如第一页版面使用了跳水冠军郭晶晶的起跳、跆拳道冠军吴静钰出击等曲线形剪影,第二页版面使用了姚明和抗震小英雄的曲线剪影,适度地调和了以方形为主的版面构件和版面整体构图,打破了版面有可能产生的沉闷。此外,版面设计细节的考究,产生了精美的效果。例如第一页特刊,在每一个长方形标题框内,都加上了小三角符号,看似随意却不随意,尽管是微小装饰,但作用很大,它使标题框显得丰繁,使标题框产生了跃动,使标题框更为凝练。再如土红色的主标题,由于字号大,色块也大,如果用单一色彩,就会产生简陋的视觉效果,为了弥补这一点,两页版面均将土红色复加灰色底纹,并以银灰色勾描,于是便有了厚重的质感。

其四,对图片的选用具有独到眼光,例如第一页特刊选用了我国运动员手持金牌的胸部特写作为主打照片,不仅非常别致,而且鲜明地突出了本版的主题。再如第二页特刊,选用了姚明手持国旗与抗震小英雄林浩出场开幕式的剪影作为主打照片,既是典型人物,又是典型瞬间,将本版的两大板块内容进行了高度概括,做了精彩的提示。

纵观这个特刊,亮点之中最亮的一点,还是它的整合效果。信息整合是重要的创新手段。面对同一信息源,在报道竞争中,要想避免同质化,实现创新,方式有许多,其中很重要的一个方式就是整合。整合报道,就是通过改变报道的内容结构,使之发

Beijing 2008 Olympic Games

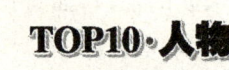

TOP 10 · 人物　　TOP 10 · 瞬间

杜丽：败而奋起四天"重生"

帕蒂卡：乒乓维纳斯只手闹奥运

达姆：穿旧跑鞋追逐奥运梦想

丘索维金娜：最令人尊敬的"功利"运动员

栾菊杰：赛场问候祖国好

范德韦格：从绝望中走出的王者

施泰纳：夺金祭亡妻

杜托伊特：独腿女飞鱼

苏丽文：14次倒地，14次站起

周苏红：一人扛起两人的梦想

开幕式：姚明牵手抗震小英雄

格俄选手：奥运让政治走开

菲尔普斯：一人独揽八金

博尔特：百米史上最嚣张的冲刺

和平大战：特殊比赛的象征意义

埃蒙斯：悲情绅士被同一块石头绊倒

伊辛巴耶娃：第24次刷新世界纪录

乒坛称雄：三面五星红旗同时升起

"梦八"决战：用金牌捍卫尊严

闭幕式：狂欢节上的求婚

典藏奥运之 经典 TOP 10

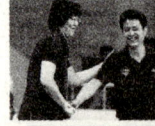

生形态改变，也就是形成不同的文本，为读者提供独特的视角，提供独特的搜寻信息的路径，提供独特的视觉审美感受，从而在众多的报纸中独树一帜，令人耳目一新。本报的《奥运特刊》整体上也都体现了这一点。

2008年9月7日

9月6日，2008北京残奥会开幕。7日，本报对这一消息的处理，大胆突破常规，出现不少亮点。

本报用三个版面报道了开幕式全景：一版是开幕式最重要、最吸引人的内容，如开幕消息、点火图片等；二版是常规性的必发内容，如领导人活动、《人民日报》社论等；三版是开幕式花絮和背后故事，如执行总导演专访、相关数字和会徽会旗解读、火炬塔点燃者等点火者介绍等。这三大板块层次分明，形成了完整的立体整合。

其中本报一版与《人民日报》、《南方日报》、《解放日报》等报相比，具有以下特点：

文字稿件。该版选择了两篇文字稿件，一是开幕消息，二是对"芭蕾女孩"李月的介绍。这样的处理方式在党报一版较为少见。如此处理，既可与主打照片形成呼应，又可使版面内容较为软性。头条稿件《国家主席胡锦涛宣布2008年北京残奥会开幕》，未沿用党报惯用的通栏横题的处理方式，而是采用了竖排折行题，如此变化令人感觉很新颖，并且富有装饰性，也便于协调整版布局。

主打照片。在具有多种选择的情况下，出人意料地刊发了开幕式表演的一个特写镜头，并使用了剪裁、抠图等编辑技巧，使整版中心集中于"芭蕾女孩"身上。小女孩在汶川地震中致残，渴望通过自己的努力和他人的关爱重现芭蕾梦想，并且终于高飞于舞台之上，此照片典型地表现出残疾人群体自强不息、乐观向上的精神，表现了残奥会"超越、融合、共享"的理念。标题《和梦一起飞》，以及压图的残奥会主题歌词，都很好地张扬了主图，升华了报道主题。

版面色彩。大胆使用了冷色调主图，与惯用的开幕式的暖色调主图形成鲜明对比。为了不致使版面整体色调过冷，又选择了点燃圣火、中国代表团入场等一些较为鲜亮的辅图加以色彩平衡，最终达到了冷中有暖的和谐完美的整体色彩效果。

细节安排。一些细节也很能体现编辑的用心。例如在版面左上方使用残奥会会徽隔断两个标题，在右下方使用一幅会场全景图作为题花，两者遥相呼应，相得益彰。

整体风格。阅读一版，会获得一种空灵如梦幻的美感。这种设计，不去刻意追求热烈的气氛，而是营造一种童话般的梦幻意境，与残奥会开幕式表演的整体风格是吻合的，颇能给读者以现场之感。

2008 年 9 月 26 日

对"神舟七号"发射成功的报道，今日本报要闻一版和"飞天"特刊的处理很有新意。

要闻一版上半版和报眼以四幅图片、一篇消息稿、一则导读构成的主体报道，主次分明，恰当适度。特别是将"神七"升空的大照片置于左上方显著位置，以凸显核心新闻，并将领导人接见宇航员的照片安排在报眼位置和中心位置，形成了有别于常规的报道手法，令人颇感新颖。

八、九版是个连版的"飞天"特刊。特刊给人的印象是：清秀、端庄、严谨。这个对称版面，在中轴线上，上方是仙女飞天的寓意图，正中是航天服展示图，下方是地球鸟瞰图，3 幅主图片虚实结合，完整地表达了本次事件的 3 个重要符号，非常凝练。本版的最醒目的图片——宇航服构造图，很好地彰显了本次航

神舟七号，带着梦想飞天

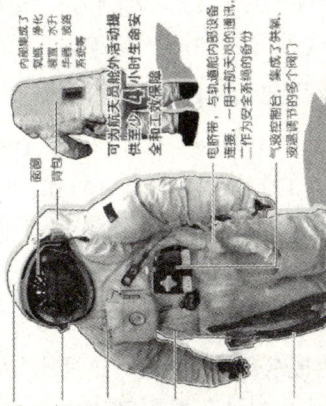

天与以往的不同点,那就是将要进行航天员在太空行走的试验。该特刊的一组文稿也很精练,例如《今日看点》、《"神七"亮点》、《六大关节点考验"神七"》、《神舟七号缘何9月底发射》等,都是重要的新闻关节点,由于少而精,感觉脉络很清晰,很易读。

2008年12月18日

今日,本报推出了72版的《圆梦》特刊。这是本报继《流金岁月》之后的又一纪念改革开放30周年大型特刊。《流金岁月》特刊从11月17日起陆续刊发,每天1~2版,至12月17日结束,历时一个月,共刊发39个版。

这两个特刊气势恢弘,是本报纪念改革开放30周年的战役性报道的"重头戏"。两个特刊的内容翔实生动,通过对改革开放30年历程的回顾,以及前后对比,充分彰显了改革开放的成就,有利于人们深刻认识改革开放的重大意义,进一步坚定信心,更加自觉地投身改革于开放事业。同时,特刊本身也颇具收藏价值。

与其他报纸相比,本报的这两个特刊规模比较大,也是策划得比较精心、独特的。其可圈可点之处主要是:

一、两个特刊相得益彰。《流金岁月》特刊属纵向报道,从1978年至2008年,以时间为顺序,追踪了我国我省30年快速变革的步伐;《圆梦》特刊属横向报道,从农业、工业、交通、能源、科技、教育、文化、卫生等方面,总括了我省30年来各个领域取得的巨大成就。这一纵一横的相互映衬,能给读者以特别鲜明的印象。

二、版面主题非常突出。《流金岁月》特刊每版都有1~2篇主打稿件,突出一个年度的核心事件。例如1978年的《十一届三中全会拉开改革开放大幕》、《小岗村农民签下生死契约》,1979年的《经济特区构想浮出水面》,2008年的《北京奥运光耀世界》、《面对灾难我们挺起不屈的脊梁》等。确认这些核心历史事件,既需要有高度的提炼能力,又需要付出辛勤的汗水,实属不易。《圆梦》特刊每个版则是以大篇幅的主打稿,突出本省的某一个领域的发展史,很有深度。

三、内容组合构思巧妙。《流金岁月》特刊各版除了主打稿之外,还设置了《中国大事记》、《河南大事记》、《风云人物》、《时代流行色》、《年度记忆》、《新概念》、《流行语录》等专栏,内容涵盖面很宽,囊括了当年的事件、人物、观念等方方面面,并且梳理得甚为清晰。尤其值得提到的是《时代流行色》专栏,以图片再现当年的流行文化,很形象很优美,也很能引起读者共鸣。《圆梦》特刊各版既有主打稿,又有许多辅助稿。辅助稿专栏包括《我的亲历》、《典型故事》、《典型事件》、《新闻背景》等。各版以主打稿表现宏观事件,以辅助稿表现微观事件,有点有面,点面结合,立体感很强。

2009年1月26日

本报1月26日的春节专版(二版、三版),是一个颇有创意的专版。打开版面,会觉得眼前猛然一亮,产生一种阅读的惊喜。

从内容看,该专版与历年的春节特刊有所不同。它不是静态地陈列新春知识,而是以新闻叙事为主,并且运用特别轻松、活泼、俏皮的笔法,产生了较为强烈的动感。该专版以《扬鞭奋蹄八牛贺岁》为题,以八篇有关"牛"的文章作主打,选题切口很小,主题非常鲜明。夜班编辑撰写的八篇稿件以牛年为由头,以各种牛为原型,结合其特征充分展开联想,虚实结合,回顾了鼠年,展望了牛年,既有思想性,又有娱乐性,很好地渲染了节日气氛。这些稿件,每篇都链接了一种牛的标识图片和文字简介,突出了每种牛的特征,形象鲜明,也很有趣味。例如稿件《"牛转乾坤"我最行》以"华尔街金牛"为链接,引申出对金融市场的回顾与展望。

"牛转乾坤"我最行

华尔街金牛 Wall Street bull

华尔街金牛雕塑位于美国纽约的华尔街街口上，身长5米，体重6300公斤，是华尔街的象征。设计者是来自意大利西西里岛的艺术家阿图罗·迪·莫迪卡（Arturo Di Modica）。

奶牛 Cow

做纯粹的牛 产纯净的奶

福牛 FuNiu Lele

体健壮如牛 一身疙瘩肉

黄牛 Cattle

改行做好牛 只盼您走好

己丑年春节专版

扬鞭奋蹄 八牛贺岁

黄河铁牛

Iron bull

黄河铁牛（开元铁牛）亦称唐代铁牛，位于山西省永济市城西15公里，蒲州城西的黄河故道两岸，各四尊。铸于唐开元十二年（724年），为稳固蒲津浮桥，維系秦晋交通而铸。元末桥毁，久置不用，故习称“黄河铁牛”。因黄河变迁，逐渐为泥沙埋没。

铆足劲头奔己丑

目大河安澜，喜盛世祥和；斗转星移又己丑，万象更新再一年。黄河岸边，铁牛给各位拜年了！贺吉祥如意常和睦，贺幸福安康永伴随。

千古悠悠黄河奔腾，天地之间世事沧桑。铁牛经历过狂风骤雨，目睹过悲欢离合，曾尘往事难回首，盛世春光今正浓。想当初，看今朝，欣逢盛世，正当华年，铁牛开怀，乐在心间。

好日子，自然要可着劲地过；好年景，更要攒着精气神。纵有艰险不足惧，莫为浮云遮望眼，要知道好日子还在后头。

为啥？答：

看，国家施政有力，扩内需、保增长、调结构、促转型，危中寻机巧运筹，化危为机大可为；

看，国策制定有情，重民生、解民困、惠民情、解民忧，惠民新政暖人心，春风化雨润无声。

更不必说，大风大浪百难不垮，民族精神昂扬奋发。2008冰冻怎样，汶川地震如何，奥运圣火传递，飞船小丑阻挡——华夏这边风景还不是依然独好。

所以，好日子更在后头，己丑年大有奔头。

只要你，心存梦想不抛弃，志存高远风帆扬；

只要你，勤奋耕耘一如初，咬定青山不放松；

只要你，追求卓越创一流，敢为人先抢头筹；

只要你，奋发有为不懈怠，劈波斩浪斗志昂。

真如此，各位：

相信你，鲲鹏展翅翔万里，海阔天空鸿运照；

相信你，事遂人愿心情好，今年定比去年妙。

对了，各位，别忘了：

工作很劳累，健康更是宝。节假日运动场上多跑跑，休闲时健身房里多蹦蹦。只有身体保持好，干事创业才能后劲高。

还有，家和万事兴，亲情打点好。平日行事多思考，想想家中老和小。干事业全力以赴要投入，闲暇时多陪妻儿老小唠唠。不为别的，让咱爹娘少些心牵挂，让咱妻小少些放心不下。

呵呵，牛年新春到，说些大白话，一为逗你笑，二是为你好。祝各位事业步步高，心情天天好。祝华夏神州年年风调雨顺，民富国昌盛。（赵春喜）

充满激情向前顶

鼠年过去，牛年到来，该俺斗牛上场了。

过去一年里，俺在牛圈待着，看着鼠兄在台上精彩表演，时喜时悲。鼠兄这一年，既有华丽如彩虹般的奥运盛会、璀璨如明珠的神舟七号，也有苦涩如黄连般的雪灾、地震，每一次的感动都让俺牛眼婆娑，每一次的伤痛也让俺牛角胀痛。没办法，俺斗牛就是性情刚烈、爱憎分明。

眼看千家万户贴上了对联，耳边响起了鞭炮声，俺不禁热血沸腾，奋力向前冲，牛角朝前顶，一头撞开时间的门槛，跳上表演的舞台，仰天哞哞叫；俱往矣，数激情岁月，还看牛年。

看看节目单，还真不赖！俺的主打节目是庆祝新中国成立六十周年。正所谓“斗转星移一甲子，惊天动地不朽诗”，真得好好表现，该出手时就出手。

想到舞台中央去，发现有几道绳子拦住路，睁起牛眼一看，第一道写着几个字“消费不振”。俺向四周的观众摇摇牛角叫道，城里的朋友们，把年终奖拿出来，趁着节日多买些年货，把银行卡拿出来，多攒些钱买套房子；农民伯伯们，家电下乡了，只要您买就有补贴，别闲着，搬一台电视回家，看看精彩的节目。大家一起鼓劲，好让俺斗牛冲过“消费不振”这个拦牛索。

过了一道拦路索，抬头一看，还有一道，上面写着几个字“出口乏力”。俺冲现场的外国观众扬扬牛角，满怀激情地哞哞道，斗牛的故乡是西班牙，在那里朋友们都很捧场，今年俺在中国表演，大家也要多多支持，中国制造的东西物美价廉，平常多买些带回家，给俺在中国添添人气。（尹红杰）

斗牛 Bullfight

斗牛是西班牙的国粹，风靡全国，享誉世界。

斗牛场面壮观，格斗惊心动魄，富有强烈的刺激性。千百年来，这种人牛之战吸引着世界各地的人们，更是现代西班牙旅游业的重要项目。

扬起牛蹄 奔向幸福

2009年是俺的“本命年”。除夕夜，俺站在郑州街头，看着滚滚流动的汽车洪流，感慨万千：孩子们都壮实了，俺俺实该退休了！

俺是谁？俺是汽车的老祖宗：木牛流马。

虽然俺长得似牛非牛，似马非马，但总的来说，俺既不是牛，也不是马，俺真的是一辆车。

《三国演义》第一百零二回“司马懿占北原渭桥 诸葛亮造木牛流马”中说，诸葛亮六出祁山，七擒孟获，威震中原，发明了一种新的运输工具，叫“木牛流马”，解决了几十万大军的粮草运输问题，这种工具不用饲料，不会造成能源危机。那就是俺。

诸葛亮六出祁山发明“木牛流马”发生在1700多年前，德国人卡尔·本茨制造出时速18公里、被称为第一辆现代汽车的三轮汽车，发生在100多年前的1879年，所以，俺自称汽车的老祖宗不为过吧？当然了，卡尔·本茨的汽车是要吃燃汽油的，俺“载十人所食一月之粮，人不大劳，‘牛’不饮食。”“特行者数十里，群行者二十里。”

自从俺诞生到现在，虽然出尽了力，流尽了汗，但让人类的生活发生了革命性的变化：现在很多负重的工作都由俺代劳了，人类的出行也更加快捷、方便了。你看，现在从郑州到最远的信阳市信阳3个小时也能跑到了，就算是到首都北京去，六七个小时也差不多了。

但也有环保主义者批评俺说，俺阻塞了城市交通，污染了城市空气，应该限制。说俺污染了城市空气，俺承认，但也没办法，总不能光让俺“牛儿”跑，不让俺“牛儿”吃草吧！说俺阻塞交通，俺可不认，阻不阻塞交通，那是你们人类自己的事，谁让你们不能文明出行呢！

最近，俺听说，中国的一家汽车制造公司生产出了一种新型的电动汽车，充一次电可以跑200多公里。

俺还听说，日本的一家公司已经发明了一种能将水分解成氢气和氧气的装置，可以彻底解决俺的“草料”问题，并且不产生污染。

但愿这不是在忽悠俺。

如果真的那样，俺“牛儿”就可以不吃草或少吃草，也照样跑，并且可以跑得更快、更欢实了。

不过，俺相信，随着科技的不断进步，这个目标一定能实现的。到那时，俺“牛儿”一定车轮滚滚，载着人类“跑”向更加幸福的生活！（王平）

木牛流马 Wooden Oxen & Mobile Horses

木制的牛马形体、可行走的运输器具。《三国志·蜀志·诸葛亮传》：“亮性长于巧思，损益连弩，木牛流马，皆出其意。”

背起梦想 继续前行

我是一只蜗牛。

许多还在郑州漂的朋友们这几年没少羡慕我，都说我有先见之明，趁房价疯涨之前买了房，不用像他们一样到处租房住，过着寄人篱下的悲惨生活。其实，如人饮水，冷暖自知，我也有我的难处。想当初，房价虽然不像现在这样高不可攀，但为了挣钱，工作几年来我也是省吃俭用，还向已经退休的蜗牛爸爸借了点养老的钱，才凑够了首付和装修的钱。直到现在，还欠着银行十几万。老爸的钱虽说不等急用，但每次见到他我总要不由自主地嘟囔几句“手头紧等了就还”之类底气不足的话搪塞搪塞，调侃我是情啊，你们没见我已经变成了手机基本不换、家门基本不出的“宅宝宝”，最大的娱乐就是窝在家里看看DVD、睡睡懒觉。唉，什么时候我才能像洞庭湖的那样“窗下蓝蓝的光，寻找到那飘着蓝天”。

说心里话，我也有羡慕别人的时候。比如麻雀，住着一室一厅，还是高层，每天早晨推开窗户抬头望望蓝天，俯首看看草地，呼吸一下新鲜空气，好不惬意。还有小白兔，三套房子自己住一套，其他的都租出去了，每个月也多了一笔丰厚的收入。但回过头来，看看至今还住在集体宿舍的蟋蟀、住着地下室的蚂蚁，我对自己的小房子就有了更多满足和珍惜。房子虽小，却能容纳下我所有的欢乐和泪水；房子虽简陋，但那盏属于自己的灯总能在夜晚回家的路上照耀我。

新年到了，我的愿望很简单，就是希望自己身上的壳变得轻点，让我能爬得快一点，免得老受黄鹂鸟嘲笑。上个月，终于有好消息传来，说是老房贷利率可以申请打个七折。我第一时间到银行提出了申请。随着各种刺激楼市回暖的利好政策陆续出台，听说房价也在慢慢往下降，身边那些没有房的朋友也开始跃跃欲试。他们说，不奢求什么别墅什么豪宅，只想有个能遮风避雨、属于自己的“小小的家，蜗牛的家”。嘿嘿，一不小心，我竟成了他们的偶像。（马斐）

蜗牛 Snail

蜗牛是陆地上最常见的软体动物之一，它主要以植物为食。蜗牛有一个比较脆弱的、低圆锥形的壳，不同种类的壳有左旋或右旋的。蜗牛喜欢在阴暗潮湿、疏松多腐殖质的环境中生活，昼伏夜出，最怕阳光直射，对环境反应敏感。

牛气冲天

张鲜明

哈哈，当一个年份
以牛的名义出现
好啊，这个年景
一定是
牛气冲天

让我们的田野牛气冲天
春天的禾苗壮如竹笋
夏天的雨水慈祥人意
秋天的果实压弯枝头
冬天的大棚绿意盎然

让我们的山川牛气冲天
一座座山头葱茏如海
一条条河流碧绿自流
一片片林地长作森林
一处处山水都成景点

让我们的城市牛气冲天
条条街道又广又宽
工业园区蓄劲冲天
商场超市货如江水
社区公园秀如甘泉

让我们的乡村牛气冲天
喷香的庄稼堆满农院
肥壮的牛羊挤满圈栏
耕作的汉子轻松自在
打工的青年腰包胀满

让我们的股市牛气冲天
股市的屏幕一路飘红
上市的公司业绩斐然
一次次抛出换进笑声
每次买入遇到涨停板

让我们的人民牛气冲天
每一个黎明充满希望
每一个白天精神饱满
每一次创造都有灵感
每一天梦里笑声不断

让我们的祖国牛气冲天
GDP增长如钱塘潮涌
各项指标持续科学发展
所有的人群享受着和谐
举世仰望泱泱大国风范

啊，让我们祈福
像脚踏实地的牛那样
坚定地站在牛年的门槛
向着明天
点燃火炬般的心愿

啊，让我们出征
像无数公牛一路狂飙
向前，向前，向前
向着牛年的太阳
飞出彩虹般的路线

此外，配发的两首诗，一首《扭身望鼠》，一首《牛气冲天》，有回顾，有展望，在两个版面遥相呼应，起到了画龙点睛的作用。

在版式上，该专版的特点，一是采用了竖立的瘦长的大包框，不顶满格，使人产生错觉，感觉它像瘦报版型，甚为清秀。二是刊头字采用竖排字，版面序号用大写汉字，题花用剪纸图案，这些元素都很中国化，与民族节日很搭配，也很大气。

最值得称道的是版面的色彩运用。这两个专版都是整版以土黄色衬底，色彩运用很大胆。土黄色纯度低，比较陈旧，有沧桑感，也符合国人的色彩偏好，表现旧历年最相宜，但很少有人敢如此大面积运用，这自然是一种突破。包框、刊头字和题花的土红色，标题和稿件的黑色板块，与土黄色网底相互映衬，使版面产生了些许亮色，形成了色彩层次，但又不过分跳跃，非常地协调，深得用色之妙。土黄色网底也并非平均用色，而是周边较浓重，逐渐向版心淡化，以形成焦点，突出稿件。如此处理，还避免了色块的板结，使色彩更加柔和，更加灵动，不至于使读者产生视觉疲劳。

2009 年 4 月 10 日

今天本报大篇幅地报道了在洛阳开幕的世界邮展和牡丹花会，一版有开幕消息，二版有展会动态，三至五版的特刊有侧记、花絮、链接等，内容颇为丰富。除内容之外，最引人注目的是特刊的版面设计。

该特刊分别以"晚会侧记"、"盛世邮展"、"魅力花会"这三个主题来区分版面，主次分明，条理清晰。其创意主要体现在边框设计方面。其一，特刊的边框统一设计成邮票齿孔样式，每个版面看起来都像是一枚邮票，极为形象，使读者仅通过版面就能知晓本次展会的主题内容。其二，四版和五版是个连版，两个版面也以齿孔边框来连接，如同二方连的邮票，既一体又各自独立,既可被视为一个整版,又可被视为两个独立版面,该设计体现了统一格局中有变化的规则,打破了单一样式,使齿孔边框显得较为多彩。其三,与邮票造型相映衬的还有一个很小的图案,就是每个版面上都有的那枚红色的邮戳。它的主要作用是使版面更像邮票。这枚邮戳还被当做报眉使用,它尽管很小,但信息密集,上面有版序标号,有《河南日报》报头,有报纸出版日期,有变形的《河南日报》报徽等。可以看出,它是版面的点睛之笔,没有它,版面就会逊色许多。总之,该特刊出版在本届世界邮展发生地,又以巧妙的创意来表现,成为众多特刊中的"这一个",特色非常鲜明。

该特刊的其他版面元素也运用得很充分。例如邮展会标,牡丹花会会标,以花卉造型的吉祥物,牡丹工笔图案,牡丹系列邮票,牡丹小题花,洛阳的标志性名胜图片,洛阳唐三彩图片,分别提示版面主题的大字号的"邮"和"花"字的毛笔手书,展会主题词"邮传万家"和"花和天下"等等,这些与邮展和花展相关的元素,也是版面设计的元素,几乎尽被展示,使版面具有浓郁的本次会展特色和地方特色。此外,该特刊边框使用绿色调,不仅与版面上的牡丹花图片相得益彰,将牡丹花图片衬托得更艳丽,并提示事件发生在春天,彰显和谐,而且在视觉上也使人感到很柔和很舒服,可谓匠心独运。

2009 年 6 月 1 日

本报创刊纪念特刊《春华秋实》终于与读者见面了。浏览这 24 版的特刊,感觉形式和内容都非常清新,有许多可圈可点之处。这里,仅仅点评一些比较有创意的方面。

平面设计。各版都运用相同的报眉、版框,以及相同句式的版面主题词、相同版位的粉红色版面标示等,形成了同一格式,很好地纳入了特刊的整合,一体感特别强。在具体设计上,一版

盛世"邮花" 久远珍稀

【邮传万家】

2009世界邮展牡丹花会特刊

中国2009世界集邮展览
CHINA 2009 WORLD STAMP EXHIBITION

本届珍邮一向是邮展的最大亮点和邮展水平的重要标志。在本届世界邮展上,参展的珍邮有80框,几乎每一件都是特种珍邮、绝品品。4月10日,集邮爱好者将在世界邮展上一睹这些世"邮花"的芳容。

A 国色与邮花的精妙结合

中国邮政邮票博物馆此次带来了6框1994年全国首次发行创作的牡丹题材邮展,为纪念邮票而设计的别致邮册。
"86"牡丹"邮票曾获邮票界"金鸡奖"。邮展期间展出的邮票不仅包括设计原图、为了配合本届世界邮展的"牡丹"主展,邮票博物馆将展出"牡丹"主题邮展。

B 站在世界之巅的"黑便士"

此次邮展,英国王室带来了6枚年票展品,是邮王邮票"黑便士","毛里求斯"邮票"邮票的等邮票,"蓝色"等邮票"邮票"邮票"的美丽……
"黑便士"邮票是世界上第一枚邮票,也是世界上首枚邮票。 邮展上近代邮政历史上,首枚邮票正式投入使用。本次邮展,英国王室带着"黑便士"邮票及发行邮票"6个十景"邮展出来自19世纪50年代一枚邮票,实是世界集邮界公认的、巴西邮展曾日出现过的最著名的世界邮珍邮。

"全国山河一片红"

"黑便士"

"毛里求斯"珍邮

C 中国馆藏珍邮的镇馆之宝

中国邮政邮票博物馆此次带来的展品有七万件,"小字当票据""(自贸区)""邮政大地""(整版):"平和祖国文化大革命全面胜利""(双连)""全国山河一片红""(四方连),全部是镇馆级馆藏珍宝。

在这些珍邮之中人的有无限宝贵的荣誉。此届世界邮展也是馆藏珍邮的一次集中展示,"全国山河一片红"邮票是首次亮相,1967年9月7日,人民日报发表了《伟大的文化大革命全面胜利》(双连)的社论,邮票"全国山河一片红"邮票也由此而出,但因此由邮票"全国山河一片红"邮票的出现。

这套"全国山河一片红"邮票的版号减少,这次展出的"全国山河一片红"(四方连),是目前存世量最大的邮票之一。

(本报记者 李晓明 卢琦 陈学桦)

国际邮联首次"......

本报讯(记者......中国2009世界邮展......

洛博新馆迎来首秀

本报讯(记者 陈学桦 徐琳)4月9日,洛阳博物馆新馆举办首届邮展,在这一"邮花"之城里举办的大事。
整个洛阳博物馆新馆的邮展部分为13个部分,展厅总共馆藏邮展的13个部分。
今天,中国2009世界邮展主展馆——洛阳博物馆新馆在整个展览中占有十分重要的地位,一共展出13个部分,象征着邮展的13个部分。大厅台阶是到了国际邮联邮展厅两端的集邮展销点位。展厅二层使用面积9000平方米,1、2号展厅、分别设置4区、3号展厅9000余平方米大型展示区域,展示区域了不同主题的邮票展示区域,展示区……的13个展览区,大厅左右两展厅厅里有中外互动区。

邮展休闲大环线公交线路图

【邮展花絮】

千人千帖书展现旧式集邮盛事。

观众通过放大镜欣赏珍邮。

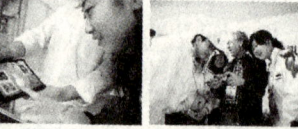
游客与邮展与邮品专家合影。

"洛阳牡丹"即开福利彩票举行首发仪式

本报讯(记者 卢琦)4月9日,在世界邮展开幕之际,中国福利彩票"洛阳牡丹"即开型彩票在洛阳王城广场首发。
此次发行的"洛阳牡丹"即开型彩票,以格阳牡丹为主......

集邮文化的奥林匹......

魅力花会 意远悦目

【花和天下】
2009世界邮展牡丹花会特刊

壹 品牡丹文化

洛阳牡丹的种植和发展历史更是不可文化渊源密不可分。

牡丹文化的起源，若从《诗经》牡丹进入诗歌算起，距今约3000年历史。

在唐代，牡丹诗文盛风盛行，刘禹锡的"唯有牡丹真国色，花开时节动京城"，勾集人口；李白的"云想衣裳花想容，春风拂槛露华浓"，千古吟唱。

而当下，随着牡丹文化的长足发展，牡丹文化融入高市民政治，时光穿越至20世纪80年代初，有着浓厚文化积淀的洛阳牡丹得天独厚，发展起崭新的面貌并同进一步发展壮大，净化了洛阳牡丹花会，并推出新。

贰 看别样风情

以花为媒，洛阳牡丹花会的内容丰富多彩和发展。一股新元素的加入，让花会增添新的色彩。

四月的洛阳，花如海、人如潮，各类广大节目接踵而至的"河洛欢歌"广场文化狂欢月活动于4月4日上午在洛阳市西工广场王城广场拉开帷幕。从4月5日至4月25日，每天不等是晚时分"专场表演"举行各地层各业的特别文艺表演、歌舞、戏曲、曲艺、杂技等节目陆续登台。

爆竹响、焰火升、锣鼓打，可否一年三鲜？可！从4月5日到10月10

日，"食游龙门"这一集绝类民的旅游项目，将一直为您服务，而且要来花本的的国游客与旅游游，免去了您者不能品尝游览的后顾之忧。

叁 食特色名吃

民以食为天。在骆拉郎屋、赏花牡丹之际，品尝一下有各色独具地方特色的洛阳名吃当属品尝游客最基要的一个事情了。

每当季节洛阳游客们一定要参观洛阳美食之中最具特色的名菜——牡丹燕菜。

牡丹燕菜据传说始于武周天朝年代，武则天年间某天地有人举出一个大白萝卜，长约三尺，上肩下合。这个异象被大白萝卜了，被当成祥瑞之物敬献给了女皇。

武则天就见这萝卜，命令掌宫御厨做了一盘菜，亲一品尝，果然清爽得竟好美味，便赐它名字，从此别名叫萝卜，便叫山珍海味。因为这样，并掺入山珍海味，玉龙成菜，饮誉众家，被冠新独特的欢迎。因此称之为"假燕菜"。后来，随着时代的变迁，武则天的名菜渐渐贬称，人们把它改名为"假燕菜"，迨又从众呼它为"牡丹燕菜"。

除了"牡丹燕菜"之外，聚丰德、牛肉汤以及老城区的小吃店也是各色合叫嚷客们"大饱口福"。⑧

(本报记者 李晓玲 陈学仲)

洛阳牡丹 美了1500多年

牡丹作为观赏植物栽培自此期而言，大致多有记载，刘禹锡《茅思录》："唐乡泽时有药石无，乃谓谷花之本牡丹"又名为从北方来也。

隋唐（公元605—618）"隋炀帝大辟二百里西苑……诏天下进花用百易鞴来奉献宫第（今河南省洛阳），易州进二十枫牡丹，献地土。

唐代（公元618—907）牡丹栽培中心是洛阳。在武则天从家乡山西文水带牡丹入宫，显示牡丹尊的地位，迁至洛阳山中地方。一万多株，盛至于宫。

宋代（公元960—1279），中国牡丹栽培中心，由厂之东迁洛阳。品种多，并创有了以姚黄、魏紫为代表的几大大品种。

宋代，欧阳修《洛阳牡丹记》，我国第一部牡丹专著。周师厚《洛阳花木记》、张峋《洛阳花谱》。出现了一批牡丹专书，对牡丹的研究有了很大的提高。

元代，是牡丹栽培的低潮时期，但不乏有名品种出现。

明代（公元1368—1644），牡丹栽培中心转至安徽亳州，其次贵洛阳仍有1500多年的牡丹栽培历史。

清代，牡丹栽培中心，山东曹州（今菏泽）。⑧

(本报记者 陈学仲 段胜磊)

洛阳花会 过27个春秋

……1983年4月15日，洛阳王城公园迎来盛大节日，首届洛阳牡丹花会正式举行。为纪念牡丹花会在洛阳生根开花，迎宾客，喜古都。

……

2009首届洛阳牡丹花会"牡丹花都"中华牡丹文化邮展开幕式届27个春秋。⑧

(本报记者 陈学仲)

花王"姚黄"

皇冠型，花期居中。花龄色（72~D），神蕾呈谷色含，嫩有光点，花径18cm以上，高约120cm。青色少，叶长，梗矮中百花粗，茂盛变化正常。花繁标准。

花后"魏紫"

皇冠型，花期居中。花紫色（8-D），株型16x20cm，茎长3~4m，果厚色10cm，茎长3~4m，果厚色花繁标。

洛阳牡丹 珍稀品种

呃，花来重三。中色系。

洛阳中高、半开爆，盛花开放，分枝多，育苗较多。

名品"豆绿"

花瓣紧致，雪绿中泛黄，花瓣数多(144-9)、花长12cm×6cm。丹期2~3天，纵早开花，茂生前期绿，中期黄基，后期绿白。初开花颈突尖。晓合花、花瓣落叶长时间保持本色。

名品"烟绒紫"

皇冠型，叶面呈红紫色，金黑紫光泽强。花期中，花色紫（38-D）；花长18cm×8cm，内瓣2~3角，外稍长，基部长红，瓣皮落长，尽光泽强。花量繁多，适应力强，长势强健。⑧⑧

(本报记者 陈学仲 段胜磊)

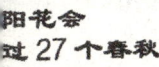

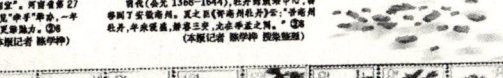

作为封面,创意尤为突出。该版以徐书记的毛笔手书"春华秋实"为刊名,非常妥帖,且具有多重含义,寓意深刻。从装饰角度看,还使版面显得更加灵动。另外,版面的较大面积的留白,土红色印章的点缀,整体看如同一幅书法作品,与刊名的毛笔手写字相得益彰,风格很是协调。

　　内容设计。以"关怀"、"嬗变"、"事件"、"人物"、"影响"、"一线"、"心语"、"报缘"等简洁的主题词来划分各版,脉络清晰,重点突出,概括力强,也很便于记忆。其中较为引人注目的是《人物》版的设计。这项内容编排了两个版面,与《事件》版同为数量最多的版面。《人物》版重现了本报报道过的焦裕禄、史来贺、任长霞等20个典型人物,这彰显了本报的一大报道特色。可以说,这些年来本报的人物报道是最具特色的报道之一,与国内其他新闻媒体相比,不仅数量较多、质量较优,而且传播率较高,社会效果特别突出,很多被报道过的先进人物尔后都成为全国典型先进人物,成为全国知名人物。在这方面,本报有许多报道成果值得总结,也很有必要向广大读者展示。该特刊内容设计更加突出这一方面,使之成为区别历次同类特刊的点睛之笔,值得欣赏。

　　在内容设计方面,还有一点值得称道的,那就是"集体展示"。该特刊的第二部分展示了本集团的各个子媒体,以及主要经营单位,这是一种新气象。如此处理,将各个子媒体和经营单位纳入本报的创刊纪念特刊,突出地展示了本集团"从一报独立到多元经营"的"跨越60载"的翻天覆地的变化,很鼓舞人心,也是一种创意。

春华秋实

河南日报
1949.6.1~2009.6.1

为河南日报六十华诞题

河南日报创刊六十周年 **特刊**

□ 本报编辑部

60年：不老的华诞

今天清晨，第60周年轮椅起了我们。

60年前，一轮红日喷薄欲出，在天安门广场正在等待开国大典之际，由新中国还在紧张筹组、团结、团聚之际，由郑州经此中原的大军踏波方酣处，《河南日报》——一家崭新的省委机关报，肩负着双重使命，在中原一条阳光的热忱诞生了。

60年后，盛世中国的莽苍沃野上，一幅更大气的天蓝地之图跃展眼帘。从一张《河南日报》到如今十报两刊一网的河南日报报业集团，这幅报业于中原大文化厚土大树，根深叶茂，始终屹立于风起云涌最壮阔的时代前沿，向大地铺展月从从不凋零的芳华。

世界上的著名报纸，往往以古者盛

久而著称。我们如是永远的青春年少，同为《河南日报》的生日——6月1日，恰是祖国花朵的节日。岁岁如约的降时节，孕了珍惜不老的慕容，60岁的今天，我们依旧百卉吐艳，桃李缤纷，在初夏的生日里绽放青春。

"春发其华，秋收其实"。60个四季轮回，60载风雨春秋，花样初放，硕果致现，早已链接成了一月飞翔世纪的壮丽风采。

60周年来，永远不老的是神圣的崇信。整整《河南日报》始终与党心相通，息息相随，始终与人民同呼吸、共命运。准轴节点、开拓创新，向现代传媒集团、文化集团迈进。得届报纸、电视、网，我们有理由、不负使命、忠实记录中原文明迈好的艰难旅程，让版面的记忆成为历史的碑记。

60周年来，永远不老的是磅礴的激情。整整60年，默养新闻事业的壮士仁人，付出的艰巨热血，更有一腔高度的热忱，无论刀山火海，无论风吹雨袭，从年轻到壮颜白发皆苍，一代又一代报人携推接力，尖志不渝，热血来水，集结成了一个时期保持冲锋姿态的精壮方阵。

大郑省中大地，才会多姿多态。《河南日报》省乡与新中国同步，与大时代同行；脚中信息大潮，才会蹈驶争流。我们弃志与新闻等走共承与《河南日报》共荣。60年是一个大意的节点，已经又登出了我们河南各人民的志念，时光会给历史的黑灯印，60年也是一个新起点的崇信，向着如烂的明天，向着崇信的前景。我们极来不断，精魂风采紫紫！站在时代的高度上，追风逐涛，奔驰酷！

河南日报
1949~2009

Index 导读

- T1版：卷首语
- T2版：关怀
- T3版：嬗变
- T4版~T5版：事件
- T6版~T7版：人物
- T8版：影响
- T9版：一线
- T10版：心语
- T11版：报缘
- T12版：晚霞
- T13版~T17版：系列媒体
- T18版：队伍建设
- T19版~T23版：事业发展
- T24版：祝贺

二、报纸审读报告

这是笔者为一家报纸撰写的每月审读报告。该报告内容是宏观评报，重在评价报纸的舆论导向把握、大事件的新闻处理、大的采编方针调整等方面，具有报道质量监测性质，旨在为上级主管提供参考，以指导报纸工作，并为本级主管提供反馈，以及时调整采编业务。笔者是兼职此项工作，时间不很充分，因此审读报告尚缺少详细的统计数据，内容以定性分析为主。

2008年1月

1月份，N报报道总体情况是：舆论导向把握较好，重大新闻无遗漏，内容更加丰富，民生题材、言论品种、广告版面都进一步增加。

本月，N报共出版26期。要闻一版头题稿件26篇，除去省"两会"报道稿件，除去中央和省领导活动报道稿件，本报自采的其他稿件有3篇。本月的大事件是省"两会"召开，N报对此不惜版面进行报道，要闻一版共刊发11个头条，其他版面还刊发了大量的专访和提案选登等类稿件，很好地配合了会议，传播了会议内容。

言论稿数量明显增多，质量有较大提高。其中《街谈巷议》这一品牌专栏，仍然坚持下来，给读者的感觉是报纸的改版没有忽视延续性、传承性。该专栏刊发了 14 期,占到本月总期数的 1/2 以上,不仅篇数较多,还出现了一些比较有新意、针对性强的稿件,例如《孝心背后是无奈》、《莫把预算当实际》、《农民也应有年终总结》、《少泡会议,多办实事》等。要闻一版开设的《乡村时评》也有不少好稿,例如《农民工当选人大代表的破冰意义》、《用心挽留农民工就地过年》等。此外,还设立了言论专刊《时代论坛》,各个专版也都坚持刊发言论稿件。

本报记者采写的稿件质量有提高,出现了一些好稿,例如《免费通行第一天》、《记者帮忙讨薪 13 万》、《新防疫法实施,你准备好了吗》、《2007 年 10 件实事回头看(系列稿)》等。

广告版面增多,本月仅整版的就有 27 个。其内容整体看,没有发现政治性和政策性差错。仅发现有一个技术处理不够严谨之处,即 1 日的第 6 版《某村党支部书记 S 偕全体村民祝贺 N 报创刊》广告稿,其中一篇《某村领航人、村民好公仆 S》的小稿,稿中广告发布人自称"领航人",不仅用词不合时宜,而且过分自我表扬,效果欠佳。

2008 年 2 月

本月,N 报共出版 19 期。总体情况是,舆论导向正确,未有政治性、政策性差错,新闻大事无遗漏,采编质量进一步提高。

具体表现在以下方面:

一、很好地完成了"规定动作"。其中有 8 期的要闻一版头条是有关中央和省委、省政府重要工作的报道。针对今年的雪灾,及时开设了《抗灾救灾众志成城》、《全力搞好灾后重建》专栏。还按照上级部署开设了《2007 年河南文化大事巡礼》等专栏。承接上个月继续刊发了《学习十七大精神乡村课堂》专栏。该专栏不仅内容短小精悍,通俗易懂,而且形式也很好,与其他报纸的十七大精神宣传相比,更适合农村读者。

二、版面设置有一些微调。23 日,将原来的《法制生活》版改为《生活与法制》版。25 日,将《乡村教育》版改为《教育与成才》版。以版面名称的改变,相应地带动了内容的调整。例如将《乡村教育》改为《教育与成才》版后,报道范围得以扩展,纳入了《职场连线》这一就业板块。

三、版面形式与稿件配置均有所创新。例如要闻一版,有 6 期都是将主打稿件特意安排在非头条的位置,通过加框、放大字号等编辑处理,予以凸显,使之形成事实上的头条,令人耳目一新。例如 13 日的《种植天地》版,整版以"花卉"为主题,有市场分析,有养花知识,以春节为契机传播花卉种植技术和市场信息,契合了春节期间的读者关注点。再如 14 日要闻一版,为消息《手机漫游费上限标准下月起下降》配发的链接《手机漫游费的前世今生》,颇有利于读者对新闻事件的理解。该链接的角度是许多报纸没有的,尽管篇幅很小,但却很能反映出编辑对读者需求的深度了解,以及对稿件内容的较为准确的判断力。

四、出现一些比较有新意的稿件。例如《人文地理》版刊发的专稿《桥楼休闲渔业印象》,《史海钩沉》版刊发的老漫画《过年》,《综合新闻》版的言论稿《别让支医走了样》、《别让求职者总赶集》,《养殖大观》版的专稿《2008,搞特种养殖会发吗》,《时代论坛》版的言论稿《雪灾警醒豆腐渣工程何时休》,要闻一版的言论稿《因富辍学现象值得深思》等等。

不足之处在于,个别稿件也还有一些细节值得推敲。例如 4 日《中原副刊》版刊发的《和谐之风沐王楼》一稿,采用了消息素材和消息写作形式,明显地与副刊版的版性不相符合,不够协调。

2008 年 3 月

本月,N 报共出版 25 期。总体情况是,重大新闻报道处理得当,内容不断丰富,服务性、可读性进一步增强。

本月国内的重大新闻事件是全国"两会",对这一重大新闻事件,N 报相应地进行了较大规模的报道,并且很好地把握了舆论导向。这次"两会"报道,N 报刊发的大都是新华社通稿,因此其舆论导向的正确性主要体现在稿件的编辑处理方面,包括正确地选择和组合了稿件,以及刊发了较大数量的稿件等。

在"两会"报道的稿件选择和稿件组合方面,N 报刊发的基本上都是与"三农"有关的内容,具有比较鲜明的特色。除了主打稿之外,还刊发了几个精粹的栏目,例如《两会声音》、《两会关注》、《两会解读》、《图说两会》、《新华时评》等。这些栏目由于篇幅适中,相互之间主题边界清晰,因而比较醒目,颇能吸引读者阅读,其传播效果良好。

在"两会"报道的稿件数量方面,据粗略统计,N 报从 3 日报道政协预备会开始,至 20 日全文刊发《政府工作报告》结束,历时 18 天,刊发的通稿文字稿 93 篇、图片稿(包括新闻漫画,不包括领导人肖像)37 幅(组),刊发要闻版一版头条 14 个,刊发整版 11 个。由于具有一定的数量规模,本报的报道重心——全国"两会"的内容很好地得以凸显。

除了"两会"报道之外,N 报对一些重要新闻和敏感新闻的处理也都比较适当。例如对拉萨"3·14"打砸抢烧暴力事件的报道,3 月 24 日的三版《综合新闻》版刊发一个稿件组合,既有事件回放,又有权威发言,以及关键性的国际动态等,内容集中,信息量大,主题鲜明,特别便于读者对事件过程和性质进行整体把握。再如对台湾选出新领导人这一敏感新闻,以短小的篇幅和较偏的版位予以处理,并且与《台湾入联公投遭民众否决》、《国办发言人指出:搞"台独"不得人心》两篇稿件组合在一起,以新闻手法很好地表达了我们对该事件的立场。

N 报的另一个突出方面,就是内容结构仍在渐进地调整。

这在专刊表现得尤其明显。例如《时代论坛》、《城乡消费》、《乡情民生》、《史海漫游》、《每周文摘》、《乡村教育》、《生活与法制》、《养殖大观》等专刊,大都新推出了若干专栏,使得内容不断丰富,服务性、可读性进一步增强。一些专刊还做出了不错的创意,例如《生活与法制》版开设的《请你断案》专栏。

也还有个别细节存在不足。例如3月11日《每周文摘》版刊发的《公安部:户籍改革不搞一刀切》、《卫生部:戊型肝炎正肆虐属谣言》、《大学生饭补每月20元》这几篇稿件,内容均属于政府部门披露的覆盖全国的政策信息,将其从《新京报》转载而来,信息源显得不够权威。而且,这类时讯稿件刊发在文摘版,也与版性不太相符。

2008年4月

本月,N报版共出版24期。报道的总体情况是,重心突出,本报特色更加鲜明。

对本月省内外重大新闻事件,N报都加以突出报道。例如对奥运圣火到北京、黄帝故里拜祖大典、2008年国内旅游交易会、第18届图书交易博览会等大事件的报道,规模都比较大,版面处理非常醒目。

重大事件报道方面,尤其值得提到的是,在"藏独"分子企图分裂祖国、破坏奥运,一些西方媒体刻意歪曲事实诋毁中国的事件发生后,在国人如何理性表达爱国热情的问题显现之时,针对此问题,N报于23日在要闻一版头条转发了相关的评论文章,时机把握得很准确,编辑处理很到位,这再次显示了本报编辑部具有很强的政治敏感性。

此外,对迎接奥运会报道,N报还在《综合新闻》版设立了《奥运进行时》专栏,总共刊发15期,占报纸总期数的1/2多,发稿量比其他重大事件报道都多,与当前的报道重心相当契合。

该专栏除了选用新华社电稿之外，几乎每期都有本报记者或通讯员自采的稿件，使得内容在一定程度上表现出地方特色。

N 报的报道形式也有一些大的改进。一个突出表现是，对转发新华社和主报的重要稿件，不再拘泥于原稿照登，而是将原稿内容或标题进行再加工，以突出本报特色，满足本报读者需求。改编内容方面，例如 3 日的要闻一版头条，刊发了由主报的长篇通讯《为了河南发展新跨越——省辖市和省直正厅级领导干部调整记》改编的消息《81 名省正厅级要员是如何"浮出水面"的》。该稿将四五千字的原稿改编为不足千字的消息，既符合本报读者的视角，又相应扩大了本报的版面容量。改编标题方面，例如 10 日要闻版头条标题《胡锦涛在海南考察（引题）"一定会帮助农民兄弟解决困难"（主标题）》，来自对新华社稿件标题《琼岛处处展生机（主标题）胡锦涛总书记在海南考察工作纪实（副题）》的改编。改编后的标题凸显了原稿中有关"三农"的内容。

在对新华社和主报稿件标题改编方面，这类突出本报特色的标题还有不少。例如《温家宝在河北考察农业和春耕生产时指出（引题）惠农政策只会越来越多（主标题）》，《中原出版高层论坛在郑隆重举行（引题）全民阅读，勿忘农村（主标题）徐光春致辞，柳斌杰作主旨演讲（副题）》，等等。

N 报还出现一些比较有特色的专栏，例如《新农村建设调查》、《读者评报活动来信集萃》等。一些很受读者欢迎的老专栏坚持运行，例如《民生热线》专栏本月在要闻一版共刊发 7 期，见报密度逐渐加大。《教育与成才》专版已经引起社会关注，本月被省教育厅下发文件予以推介，要求教育部门积极支持。另外，本月好稿的数量和质量也都在不断增长和提高。

2008年5月

本月，N报报道的总体情况是，对温家宝视察我省、四川汶川抗震救灾、奥运圣火珠峰传递、我省确保夏粮丰收等重大新闻题材的处理非常突出、到位，较好地发挥了正确的舆论导向作用。

N报对四川汶川抗震救灾的报道尤其突出。从13日开始，报道力度逐步加大。据初步统计，至31日，N报仅主题版面就已经刊发了11个。此项报道，N报主要有四个特点：

一、开设了一些很有概括力的专栏，使报道内容显得比较集中。例如《立即行动支援灾区》、《抗震一线的河南人》、《抗震救灾英雄谱》、《走进灾区现场见闻录》、《关注灾区伤员救治》等。其中《立即行动支援灾区》专栏见报频率最高，几乎每期都有。

二、刊发有独家的言论稿件。例如本报编辑撰写的《确保夏粮丰收就是抗震救灾》、《孩子，不要放弃你的理想》等。

三、很快地刊发了本报记者和通讯员发自一线的稿件，显示出本报对重大新闻事件报道具有较快的现场出击能力。前期主要刊发新华社通稿，16日，首次刊发《抗震一线的河南人》专栏，刊发了本报通讯员的稿件《不放弃废墟下的每一个生命——河南消防总队救援队地震灾区现场救援实录》。这篇通讯稿是N报最早出现的对一线的独家报道，而且是较为详细的报道。19日，出现了本报记者的发自一线的稿件。至31日，本报记者发自一线的稿件，仅文字稿就有15篇，并且大都是通讯体裁，报道得比较详细。稿件主要有《我们到了前线》、《走向映秀》、《搜寻仍在继续》、《岷江岸边一面旗》、《铁军来了》、《河南来的志愿者》、《震后都江堰》、《在木鱼中学的废墟前》、《那一刻，我们热泪盈眶》、《安置区的午饭》等等。

四、各个专刊大都能按照自己的特性对报道中心进行贴切的配合。例如《每周文摘》版、《乡情民声》版、《城乡消费》版、

《教育与成才》版等,都刊发了一些对抗震救灾很有积极作用的稿件。

也发现值得商榷的个别细节。例如评论《书记下跪为何挽不回百姓信任》,主题主要针对灾区豆腐渣校舍现象,是5月28日《时代论坛》版的头条,编辑处理有些突出,似乎与当时的社会关注点不很吻合。

2008年6月

本月,N报共出版23期。报道的整体情况是,对全局具有指导性的重要时政新闻无遗漏,继续关注四川赈灾,重点突出"三夏"工作,舆论导向正确,稿件质量稳步提高。

对全局具有指导性的重要时政新闻,N报都有报道,并且处理得很到位。到位的表现,一是有一定数量,二是版位显著。仅从要闻一版头条来看,23篇稿件中就有15篇是报道中央和我省的重要会议,以及报道领导人的重要活动的。例如胡锦涛在甘肃考察抗震救灾、胡锦涛主持中央政治局常委会议部署对口支援灾区、中央召开各省市主要负责人会议、共青团十六大召开等。例如我省的计划生育电视电话会,省委、省政府部署支援江油重建,徐光春在平顶山检查指导"三夏",徐光春接见抗震救灾英模报告团等。此类要闻选题比例较大,很好地展示了党报应关注的焦点。

有关四川赈灾,先是开设了《全力以赴支援安县》的专栏,尔后开设了《灾后重建支援江油》专栏,持续报道了我省对灾区的支援情况。其中《灾后重建支援江油》专栏共刊发11组稿件,仍然保持了一定的数量。

今年"三夏"由于背景特殊而备受关注,成为本月报道的重中之重。N报不惜笔墨,开设的《来自"三夏"一线的报道》大专栏,几乎每期都占要闻一版版面的1/2以上,非常醒目。从6月

1日至14日,共见报10组稿件。稿件图文并茂,在处理上也颇有创意,例如连续3期在要闻一版的相同位置以套红标题报道"三夏"进度,分别以《我省麦收接近尾声》、《12个省辖市完成麦收》、《我省麦收圆满结束》为题,将各期专栏有机衔接,不仅层次分明,而且整体感强。如此处理,还便于关注"三夏"的读者在固定位置搜索消息。该专栏刊头还特地标注了省交警总队、省交通厅、省农机局的服务热线电话号码,表现出一种体贴入微的服务读者的意识。

N报对迎接奥运、我省高考等重要新闻也有较大数量的报道,形成本月报道的次主题。这与"三夏"等重头报道相比,给人的感觉是,N报报道整体上很注意区分轻重缓急,比较有节奏。

6月27日,新开设了每周一期的《交通与社会》专版。由此看出,N报的版面调整是动态的,是在不断地适应报道和经营需要的。

6月3日,一版照片《新野小麦喜获丰收》与5月31日二版的照片重稿,成为本月的明显技术差错。

2008年7月

本月,N报共出版27期。总体报道情况是,舆论导向正确,内容较为丰富,深度报道引人注目。

在头条报道结构方面,自采头条消息较多。在要闻一版,本报记者采写的头条消息共有10条,比以往增多。国内和本省时政类头条消息共有14篇,比例达到1/2以上,仍然保持了较大的数量,并且对重大新闻无遗漏。另有3篇涉农时政类头条消息——《全国农村基层党风廉政建设工作经验交流会召开》、《全国农信社五年改革历程》、《国家粮食战略调研组在豫调研》,同类相比也较上月的数量多。

在执行"规定动作"方面,与主流报纸报道同步。月初,继续刊发了《支援江油》专栏,大约3期之后,逐步减量。为配合全国农村党风廉政经验交流会,开设了《探索农村党风廉政新路》专栏,刊发了3篇较长篇幅的稿件。在奥运会前夕,开设了《奥运倒计时》专栏,7月11日之后又开设了《奥运火炬手风采》专栏,刊发稿件13篇。为配合省委八届八次全会精神宣传,分别刊发了书记和省长的讲话全文,转载了《河南日报》的相关报道,包括社论《以思想解放推动新跨越新崛起》1篇,系列评论《深入贯彻学习省委八届八次全会精神》5篇,系列报道《探索中原崛起之路》7篇。

在新闻采编方面,有几点突出表现。一是有些专栏坚持得比较好,有利于形成固定的读者群。例如要闻二版的《市县传真》专栏几乎每期都有,《乡村人物》、《生活关怀》专栏也经常刊出。二是言论稿出现了相对固定的撰稿人,尽管稿件刊发的专栏不固定,版面不固定,周期不固定,但无疑具有号召作用,可促使N报形成一支专栏作者队伍。其中署名"白正春"的作者本月刊发言论稿7篇,属于撰稿最多者。三是深度报道比较集中,角度也比较新颖。这类报道的主要篇目有:《菜殇——对博爱县孝敬镇蔬菜专业村留村的调查》、《河南民间藏粮调查》、《人口大县缘何缺工》、《西瓜:艰难的"最后一公里"》、《治淮工程能否经得起汛期考验》、《直击县委书记大接访:通则不痛》、《圣火点燃平凡人生》,等等。

有个别技术处理存在缺憾。例如除了《市县传真》专栏,还有《县乡传真》专栏(15日2版),以及《基层传真》专栏(8日2版),这几类专栏名称互有交叉,区别也不大,还很容易给人造成"专栏设置较为随意"的印象。

2008 年 8 月

本月,N 报共出版 26 期。在大事件报道方面,包括继续解放思想大讨论、北京奥运会、第五届河南国际投洽会等,N 报报道重点突出,线索清晰,未出现政治性政策性差错,并且正确地把握了舆论导向。

月初,N 报连续刊发了系列评论员文章《论深入开展新解放、新跨越、新崛起大讨论活动》5 篇,刊发了系列报道《省委八届八次全会精神解读》6 篇,以及其他相关报道,很好地配合了省委部署的当前中心工作。

北京奥运会开幕后,9 日的报纸全部编排为彩印特刊。此后直至奥运会结束,每日都在一版和二版大量地显著地对赛事进行了报道。可以看出,对奥运会报道,N 报由于版面较少,以及为适应特定读者群的需求,因而贯彻了"精练"的报道原则,也因此在这方面办出了自己的特色。例如 9 日的 4 个版面的特刊,除了主体消息之外,对开幕式仅以《开幕式九大震撼》为题,进行了简洁的报道,很便于读者快速浏览。其次仅仅突出了两大板块,一是河南各地群众收看开幕式的消息,表现了地方特点;二是奥运赛事日程,体现了实用性原则。此后每日的报道都有很好的梳理,分门别类,不枝不蔓的,使读者面对奥运会的海量信息能有一个比较清晰的把握。例如设立了《奥运金牌榜》、《奥运人物》、《奥运话题》、《精彩瞬间》、《奥运花絮》、《妙语连珠》等为数不多的专栏,尽管数量不多,但有动态、有评论、有链接,不仅体裁品种较为丰富,而且能将赛事主要内容尽收囊中,非常便于读者"对号入座"地搜索信息。另外,要闻一版的《奥运报道》专栏,每期都有一篇以大字号强调的主打消息,很醒目突出,也很层次分明。

奥运会结束之后,N 报又大篇幅地报道了第五届中国河南国际投资贸易洽谈会。从 26 日开幕到 31 日,5 期报纸已经刊发31篇文字和图片稿件。

在本月要闻一版26篇头条稿件中,本报记者采写的稿件(包括联合头条)共有11篇,占总量的近1/2,数量呈现不断增多之势。

2008年9月

本月,N报共出版23期,对重要事件均做了适度报道,舆论导向正确,并且报道手法有所创新。

报道的重要事件主要有北京残奥会开幕、胡锦涛视察河南、我省深入贯彻胡锦涛重要指示精神、胡锦涛强调贯彻落实科学发展观、"神舟七号"飞船发射成功、第十届亚洲艺术节在郑州开幕、三鹿问题奶粉等等。对这些重要事件的报道,N报在每日仅有4个版面,并且广告挤占版面较多的情况下,分层次地给予不同处理,有的以大篇幅,有的则仅以醒目编排来体现其重要性,达到了较好的效果。例如胡锦涛视察河南,这是本月发生在我省的最为重要的新闻事件,N报给予大篇幅、多角度的报道,11日一个整版,12日2个整版。之后又报道了"省委全会传达胡总书记视察河南重要指示精神"的消息,陆续转发了综合版的《深入学习贯彻胡总书记视察河南重要指示精神》的系列评论5篇和系列述评3篇,并且开设了《总书记和我们在一起》专栏。此外,对三鹿问题奶粉事件的报道,在导向上也有较好的把握。

N报报道还有一些创新之处。其主要特点:

一是进行差异化处理。例如3日一版,在转载《人民日报》重要文章《让学习成为一种风气——河南抓领导班子思想政治建设纪实》时,为了避免与综合版雷同而进行了特殊的编辑处理,没有照发大约4000字的原文,而是处理成标题新闻,将大标题和分标题字号放大,再加上徐光春批示"推荐一篇好文章",

以及"详见本报综合版"的导读文字,安排在版心显著位置,令人耳目一新。如此处理,非常醒目,不仅能引起读者关注,便于读者快速浏览了解核心内容,更重要的是与本报综合版形成了差异,使二者的互补关系得以体现,使上级编委会的办报意图得以体现。当然,这仅是个案,在与综合版互补方面,整体上还有待进一步拓展。

二是巧妙处理头版各重要稿件的关系。例如19日一版,头条稿是《省党政领导与院士专家座谈会在郑举行》,这是来自在我省召开的第十届中国科协年会的消息,必须突出处理,但"三秋"报道也是N报的重头戏,为此,在版心位置安排了"三秋"大专栏,并且将其中的主打消息稿的主标题《我省95.49万台农机战三秋》套红,非常突出,既不影响头条消息的安排,又达到了与头条消息并重的报道效果,编辑手法可谓巧妙。

由于大事件较多,刊发通稿较多,因而本月一版头条的独家稿件共有7篇,比上月略有减少。也还有需要完善之处,例如一版的热线专栏《民声》共刊发3期,连续性不强,时有时无,使人感到热线不热,名不副实。该专栏安排在头版,有时受整体内容编排的制约,不得不停发,面对这种情况,如何达到一定的密度,值得考虑。

2008年10月

本月,N报共出版25期,整体报道表现主要有如下几个方面:

在重大事件报道方面,以党的十七届三中全会为主题,刊发了大量稿件,并且重心非常突出。9日,三中全会开幕当天,在未有会议通稿的情况下,刊发了新华社的相关报道,例如对参与文件起草者的专访等;10日,开辟了《聚焦十七届三中全会》专栏,还刊发了相关链接,提供了自十一届三中全会以来历届三中全会的议题资料;17日,大篇幅报道了三中全会举行的消息;之后,相继报道了我省学习贯彻三中全会精神的动态,例如省委召开全委扩大会议等;22日至27日,刊发了自采的《聚焦三中全会,专家话三农》系列报道4篇,结合我省实际对全会精神进行了很好的解读。

在总体内容结构方面,N报一是广告量明显增长,广告版面增多,据粗略统计,仅整版的硬性广告版面就有8个;二是自采的一版头条稿件增多,共有9篇,约占一版头条总数的1/3。

在提高报道质量方面,一些专栏尤其突出。其中刊发在要闻一版的专栏《印象30年》,共有16期16篇稿件,成为本月见报密度最大的较为引人注目的专栏。该专栏旨在通过普通人身边的变化反映改革开放30年的成就,不仅立意好,稿件质量也比较高,出现了一些好稿,例如《缩水的三夏》、《我曾推动了联产承包责任制》、《缴公粮的记忆》、《那年没交农业税》等。另外,《民声》热线专栏有了较大改进,主要是增加了见报密度,共见报6次,比上月提高一倍。其热线内容选择也非常注意把握尺度,所反映的"采石放炮导致噪音污染"、"农网改造乱收费"、"呼吁尊重农民订报意愿"、"伤残军人优惠乘车规定得不到执行"等问题,都与民生息息相关,并且都是容易得到解决的个案,这很有利于发挥疏导作用。

也发现个别稿件的内容不够严谨。例如29日三版的《偷情蜘蛛侠》一稿,就重庆市某副镇长深夜从某离婚女子家坠楼身亡一事引发的短评,在此案尚未有公安部门定论的情况下,仅依据"一种说法"便断言当事人为"偷情蜘蛛侠",这是很主观的。再则,对这一悲剧以调侃的笔法来评论,也是不恰当的。

2008年11月

本月,N报的总体报道情况是,重心突出,执行"规定动作"

认真，质量有较大提高，舆论导向正确。

具体表现在如下方面：

报道主线很明晰。突出了"扩内需保增长"和"纪念改革开放30周年"这两条主线。这主要通过设置专栏、加大发稿数量、加强言论等方式加以体现。例如"扩内需保增长"报道，从下半月开始，特地开辟了专栏。该专栏几乎每期都在一版的显要位置、固定版区见报，并且是套红栏题，非常醒目。该专栏除了刊发相关消息，还刊发了《坚定信心最重要》、《全面统筹扩内需》、《直面挑战抢抓机遇》、《抓紧抓好农村发展》、《千方百计惠民生》、《科学发展求实效》等6篇系列评论员文章，很好地发挥了舆论引领作用。再如"纪念改革开放30周年"报道，在一版继续刊发了《印象30年》或《图说30年》专栏。其中《印象30年》专栏几乎不间断地刊发，仍然保持了很高的发稿密度。此外，还在视点版开辟了《非常记忆》专栏，主要刊发长篇人物通讯，以人物经历折射改革开放为农村带来的发展变化。

"规定动作"完成得好。在执行"规定动作"方面，"解放思想基层行"、"太行老区新闻扶贫"、"关注村委会换届选举"等系列报道，都设置了醒目的栏头，有一定的发稿数量，有较高的稿件质量，很能引起读者关注。这些报道与其他媒体的报道同步进行，形成合力，起到了营造浓厚舆论氛围的作用。

出现了一些优质稿件。尤为突出的是24日一版刊发的长篇人物通讯《从农民到农民》。该稿报道了一个跳出龙门的农家子弟在城市工作20年后，又重返家乡进行二次创业，依靠发展现代农业带领村民共同致富的故事。稿件的主要可圈点之处，一是具有很强的现实针对性，在党的十七届三中全会启动农村新一轮改革，在人们面对城市就业挤压而将视线转向农村创业之际，适时地展示这样一个生动的范例，可以给广大读者以丰富的启示和很大的激励；二是写作比较成功，例如大量运用农民语言、注重现场描述等,例如以"从农民到农民"为主线,以人物经历照应我国农村发展轨迹,反映了一个螺旋式上升的历史进程,颇具哲学意味,耐人咀嚼。

2008 年 12 月

本月,N 报共出版 27 期。报道总体情况是,重大新闻事件无遗漏,进行了一些较大型的新闻策划,舆论导向正确。

对本月发生的重大新闻事件,尤其是重大政治新闻事件,例如中央经济工作会议召开、中央农村工作会议召开、纪念党的十一届三中全会 30 周年大会在京召开、省委八届九次全会召开,以及两岸"三通"正式启动等等,N 报都做了显要处理。

整体报道结构方面,一是与上级的部署同步,一些指令性报道暂告一段落,有所减少,例如延续刊发的仅有《坚持科学发展推进中原崛起》、《图说 30 年》、《印象 30 年》等少数专栏;二是在要闻版头条稿件中,自采的独家稿件仍然保持了较高的比率,共 12 条(双头条),约为总量的 1/2。

本月的突出方面是进行了一些较大型的新闻策划。主要有 12 日四版的《回乡创业》、13 日四版的《河南粮食生产 30 年回眸》、18 日的 21 个整版的《改革开放 30 年纪念特刊》,以及新推出的《新农村周刊》和《新生活周刊》的试刊。其中两个周刊,无论内容或版式都令人耳目一新。23 日的《新农村周刊》,版面主题分别为"观察"、"农事"、"市场"、"影像",各版专栏主要有《植物医院》、《畜牧站》、《帮帮忙》、《行情》、《经纪人说法》、《专家观点》等;25 日的《新生活周刊》,版面主题词分别为"调查"、"服务"、"倡导"、"文化",各版专栏主要有《乡村调查》、《出行指导》、《农民习作》等等。这两个周刊,平面设计眉清目秀、时尚大气,与以往的设计相比,呈现一种截然不同的风格;内容设置主题鲜明,栏目梳理分界清晰;每一版面的主打稿件都富有新意,例如《危急之时的严峻话题》、《张家婚事明白账》、《盖座实用房子过上幸福日子》、《有关二月河的谜语拾趣》等。这两个周刊作为N报2009年版面改革的先导,可使读者产生积极的期待。

要闻版每期的头条稿件几乎都是双头条,共有12条24篇,并且都是对仗标题,对这种同一形式较多较集中地采用,会失去新鲜之感,也会令人感到牵强,今后是否需要适当变化,值得探讨。

2009年1月

本月,N报共出版20期。整体报道质量稳中有升,舆论导向正确。

主要表现在如下方面:

一、报道主线清晰突出。与重要新闻事件相对应,对我省"两会"召开、农业抗旱、农民工返乡的报道都以较大的数量予以凸显,在议程设置方面很好地发挥了舆论引领作用。其中,省"两会"报道从10日至18日,共刊发文字稿件40篇(包括要闻一版头条稿件5篇);农业抗旱报道,设立的《打好抗旱保苗主动仗》大专栏,共见报13期。

二、两个周刊面目一新。经过上月的试刊,《新农村周刊》和《新生活周刊》正式推出。《新农村周刊》见报2期,《新生活周刊》见报3期。这两个周刊,内容新颖,版式大方,有利于拉动N报版面质量的全面提升。周刊的主打稿件,例如《新生活周刊》的《走,到郭滩街喝茶去》、《新农村周刊》的《在同官李村看土地流转》、《剖析三个农民专业合作社》等,都很引人注目。周刊还设置了一些富有特色的专栏,例如《新生活周刊》的《乡村调查》、《修房盖屋》等,《新农村周刊》的《种养故事》、《帮帮忙》等。其中《乡村调查》专栏刊发的特约调查员的个案调查——《扳着指头细细算，3000元过个殷实年》、《做个小生意，挣俩零花钱》，素材均来自农家小院，除了较为细致的数据，还附有简短的"调查结果"，内容与生活非常贴近，对普通读者很有启发作用。此外，《修房盖屋》专栏主要报道农户住房设计情况，每篇稿件都配发有建筑图纸，公布提供图纸者的联系电话，较好地体现了实用性、服务性。

2009年2月

本月共出版24期。总体情况是，新闻大事无遗漏，重大报道主题鲜明、版面处理非常突出，舆论导向正确。

突出报道了温总理到我省指导抗旱、各地抗旱保苗、返乡农民工就业，以及中原文化港澳行暨2009豫港澳投资贸易洽谈会、省政府机构改革动员大会等。在要闻版头条中，抗旱方面的稿件有6篇，占总条数的1/4；农民工方面的有4篇，占1/6。

抗旱报道是本月报道的重中之重，数量最大，最为醒目。《坚决打赢抗旱保苗夺丰收这一场硬仗》、《全省各地紧急行动抗旱保苗誓夺丰收》这两个大型专栏，每天在一版或二版都有刊发。据粗略统计，在21日抗旱重点转移之前，18期报纸共刊发专栏25个，文字稿138篇、图片50幅。在抗旱报道方面，一些特刊还根据自己的版性以不同形式做了很好的配合。其中11日的《时代论坛》版比较有创意。该版作为言论专刊，集中刊发了多篇有关抗旱的同题言论，包括《旱灾，不仅是农民的事》、《超常旱情给"四万亿"提了个醒》、《应对旱灾须正视农村人力资源》、《何不让返乡农民大修水利》、《别让大旱给农民"雪上加霜"》、《大旱怎么成了突发新闻》、《一个豫西农民对抗旱的几点建议》等，这种形式在N报很少见到，因此使人感觉很新颖。这些稿件还很有思想深度，有启发意义，特别能引起读者关注。美中不足的是该版穿插了两篇非同题类稿件，在一定程度上弱化了版面的创意。

农民工返乡是本月报道的另一重要主题，N报也做了大量报道。据粗略统计，共刊发专栏13个、文字稿42篇、图片21幅。另外，与此类报道相对应地还设有两个专栏——《十大涉农人物》、《全国农村优秀人才》。

要闻一版头条的形式多样，大量的头条突破原有的编排框架，体现了较强的编辑创新意识。主要采用了三种形式：一是在版位安排上刻意弱化头条。大多采用将头条竖立的手法，为突出二头条稿件而预留空间。例如14日的头条《郸城多策并举助农民工就业，上蔡信息化建设铺就致富路》即被弱化处理。二是以短讯集锦的形式弱化头条。经常将头条编排成小字号、多条数的短讯集锦，分散读者注意力，以凸显二头条稿件。例如28日对新华社一组时政内容的头条稿件的弱化处理。三是以包框的大专栏作头条，以形成版面强势，加以突出。例如7日对《抗大旱促春管》组稿的强化处理。总之，N报要闻一版的头条形式不拘一格，常常形成多个视觉中心，在各类重要稿件同时上一版的情况下，不仅使相互关系得以协调，而且满足了各类读者的不同需求。

《新农村周刊》开设的《主编说话》专栏，有利于引领报道，以及更加拉近报纸与读者的距离，颇具创意。该专栏坚持刊发，稿件质量也在不断提高。本月该专栏刊发的主编、副主编的专稿主要有《全社会要认真对待水的问题》、《千方百计做好农民工的工作》、《亲情是教出来的》。

2009年3月

N报本月报道总体情况是，舆论导向正确，大事无遗漏，重点较突出，内容更为丰富，可读性愈加增强，好稿不断涌现。

本月新闻大事多，高潮迭起，例如全国"两会"、我省学习实践科学发展观活动、西藏人民命运的伟大历史变迁、返乡农民工、大学生就业创业、河南农民工风采展、黄帝故里拜祖大典等，N报对此都相对应地予以突出报道。其中全国"两会"报道尤为突出。据粗略统计，从3月2日至16日，全国"两会"报道方面共刊发文稿56篇、图片13篇，刊发专栏《两会声音》6期、《两会关注》4期、《代表委员话三农》1期，并全文刊发《温总理答中外记者问》、《政府工作报告》，报道数量达到一定的规模。

在全国"两会"报道方面，《两会声音》专栏的形式最受好评。该专栏主要刊发代表、委员议案提案摘要，稿件均以涉农关键词为标题，简洁明快地提示两会关注焦点，使读者方便快捷地把握核心内容，传播效果非常好。这些"关键词"标题例如《乡镇负债过度》、《农田水利》、《农民工城市化》、《涉农贷款》、《全科医生》、《法律援助法》、《公益林补偿标准》、《恢复强制婚检》等。

好稿逐渐增多，是本月26期报纸的一个显著表现。没有统计数据，仅凭印象，可感到几乎每期都有看点，都有一些颇能吸引读者的稿件。这类稿件的共同特征是针对性强、有思想、有深度、有新意。例如言论类稿件《一味怨天是不对的》，以河南农大的试验田200多天不浇水也能获得丰收的事实，反观今年的旱灾，指出了目前存在的耕种不科学的问题，主题鲜明，论据充分，论证严密，非常富有启发性。例如通讯类稿件《棉农为啥不愿再种棉花》、《面对市场寒流，育苗户该何去何从》、《黄花菜兴衰启示录》、《大旱带来的思考》等，由于选题好，让人仅看标题就觉得很值得一读。在通讯类稿件中，本报记者采写的《接送于丹记》更是引人注目。该消息报道了于丹来本报讲演过程的一个片段，用一些细节披露了于丹的另一面，反映了人性的复杂性，与众多赞赏类报道的叙事模式明显不同，很独特。该稿不仅勇于突破，敢言人所不言，而且分寸把握得当，无损人物整体形象。该稿还与于丹的演讲稿《"文化超女"于丹本报畅谈女性养心经:用传统文化魔变现代仙女》刊发在同一版面,颇令人玩味。

还有一些技术细节有待完善。例如3月4日三版的《简讯》专栏,内含的两篇稿件都是200多字的篇幅,标题也很长(20字以上),但其体裁仍被归类为"简讯",这显然是不准确的。此类问题在多期报纸都有出现。

2009年4月

N报本月共出版24期报纸,总体情况是,舆论导向正确,正刊版面质量不断提高,周刊策划基本定型。

本月,一项重要事件是,省委决定开展弘扬焦裕禄精神、讲党性修养、树良好作风、促科学发展活动。对此,N报予以突出报道。仅从要闻版头条看,相关报道就有4条,占总数的1/6。另外,还同步刊发了综合版撰写的有关评论员文章,如《时代呼唤焦裕禄精神》、《一项重大而迫切的政治任务》、《新时期大兴五大新风》、《把握真谛学出实效》等。除此之外,其他一些重要事件报道相对分散,没有形成焦点,例如医改新政出台等。这主要是重要事件迭出,且大多数事件都缺少后续性所致。

一个明显变化是,正刊版平面设计加快改进,面目越来越清秀。其主要表现,一是设计逐渐规范,例如字体、字号都有统一的样式,避免了各个版面间的不协调之感;二是设计更加严谨,例如小题花和小刊头也都设计得比较精致,从细节上提升了版面质量,避免了粗陋之感。

还出现了一些服务性很强的专栏,以及选题新颖的稿件。例如《乡情民生》专刊新开设的《释疑解惑》专栏,以问答形式解答读者询问,服务性非常强,很能引起关注。该专栏每期都有较多条数的问答稿,回答诸如"补办身份证能否异地办理"、"农业户口如何迁进省城"等类问题。该专栏稿源目前主要来自政府部门的交流互动平台,若能过渡到本报独家组稿,价值将会更高。再例如《新生活周刊》的《乡村调查》专栏,几乎每期都有很新颖很受关注的乡村调查选题。这类选题有《咱村的农民怎么洗澡》、《农村正在消失的老行当有哪些》等。再例如4月16日《新生活周刊》刊发的《马家村有支抓鸡专业队》,报道了清丰县马家村妇女组成的抓鸡队为本村养鸡场提供专业劳务服务的故事,选题很新颖,也很有趣味性和启发性。它的启发意义正如稿件中所说的"市场呼唤专业化、辅助性行业的出场","碰到抓鸡难的问题,其他人除了挠头之外就是叹口气就过去了,而马帅鹏却能在养殖户的难题中发现商机,不仅自己走出了困境,也在经济不景气的时候帮助更多的人就地就业,增加了收入……"

发现21日有一则重复报道。当日正刊四版《生活与法治》版刊发的消息加点评《偷窥女邻居被判强奸罪》,《新生活周刊》八版《人物》版刊发的消息《成都一市民偷窥女邻居被判强奸罪》,报道的是同一事件。从稿件看,消息来源不详。

2009年5月

本月N报报道的总体情况是,导向正确,策划突出,内容丰富,可读性不断增强。

报道的重大事件主要有全省开展第二批学习科学发展观活动、"三夏"生产等。其中,对第二批学习科学发展观活动,除了动态报道外,还刊发了3篇评论员文章——《用好一个载体,开展三项活动》、《围绕一个主题,突出实践特色》、《搞好两个结合,做到六个坚持》,使该项报道的分量更加增强。有关"三夏"生产,4日一版头条报道了徐光春在省委常委会听取全省"三夏"准备情况汇报时的重要讲话,19日《新农村周刊》五版刊发了通讯《麦收前夕中原行》。这成为"三夏"报道的前奏。20

日,在一版首次刊出《备战三夏再夺丰收》大专栏,至 23 日共刊发了 4 期。25 日,该项报道与三家媒体实行联动,专栏改名为《行走大中原,见证丰收年》,每日刊发,套红刊头,被处理得非常突出。27 日在一版以整版篇幅报道的全国小麦跨区机收启动仪式等"三夏"消息,被处理得尤其突出。

5 日,新推出了《推进科学发展高端访谈》专栏。该专栏与政府门户网站联办,主要刊发对省直厅局负责人的专访,内容涉及各个部门有关扶持"三农"发展的工作思路等,几乎每期报纸都有见报,至 22 日,已刊发 13 篇稿件。被专访者包括省农业厅厅长、省交通运输厅厅长、省科技厅厅长、省农机局局长等。这项策划,不仅有利于政府官员与普通读者的信息沟通,而且有利于提升本报的形象,增强本报的权威性,具有较高的传播价值和媒体形象宣传价值。以前 N 报曾有过高端专访,但都比较零星,也未如此醒目,因此,这次在一版设专栏非常集中地进行报道,特别能引起读者关注,给读者以深刻印象。

一版的《民声》专栏有一些细微变化。一是专栏出现的次数相对多了,共刊发 5 期;二是刊头字字号加大,并且套红,在一版特别醒目。如此处理,长期坚持,将能不断扩大影响,很好地契合 N 报"创设名专栏"的构想。此外,N 报还有一些专栏已经有一定影响力,例如《主编说话》等。

摄影报道方面,月初在一版开设的"浙电杯"新闻摄影大赛专栏,出现了一些较生动的稿件。例如 6 日刊发的"省移民办组织专业摄影人员对 10 个移民村的村容村貌进行航拍",7 日刊发的"平顶山农民张振杰等向村民介绍他们制作的秸秆气化炉",9 日刊发的"滑县桑寨小学老师指导学生如何在地震发生时快速逃生"等。这些摄影稿件的共同特点是,内容有较高的新闻价值,并且画面很少摆布的痕迹,非常自然,尽管存在缺陷,但给人的感觉很真实,很质朴清新,较好地表现出新闻照片的特性。

2009 年 6 月

本月报道的显著特点是，以大量的篇幅聚焦于"三夏"生产。

"三夏"生产是本月的头等大事。在"三夏"报道中，N 报与某网站、省电视台新农村频道、电台农村广播等新闻媒体首次联合开展了大型专题采访活动，推出了非常醒目的《行走大中原，见证丰收年》大专栏。该专栏每期都有见报，据粗略统计，从 1 日至 19 日报道结束，仅在要闻一版就刊发了 17 次，共纳入文字稿 59 篇、图片 36 幅。这与 N 报往年同类报道相比，稿件数量、质量以及版面规模都是空前的。该专栏稿件的内容大多来自一线，例如唐河、方城被雨水滞留农机手的无奈，永城、商水遭冰雹灾害农户的辛酸，孟州万亩小麦平均亩产 683.4 公斤给农民带来的喜悦等，都跃然纸上，很鲜活，很贴近读者。此外，该专栏还别出心裁地设计了以《诗会》为题的子栏目，刊发了许多篇读者撰写的相关诗词。诗词颇具乡土气息，既适应了农村读者的审美需求，又实现了与读者的互动，并活跃了整体报道的气氛。在要闻版新闻专栏刊发诗词，这也是一种大胆的尝试。

从要闻一版头条稿件的内容结构看，本月 26 期报纸有 7 个头条是"三夏"生产方面的，约占总条数的 1/4，比例较大，这与本月的这一重大事件的分量是较为对应的。该类头条稿件主要有《省委办公厅、省政府办公厅关于全力以赴做好抢种抢收工作的紧急通知》等。

其他专刊，如《视点》、《种植天地》，以及《新农村周刊》、《新生活周刊》等，也同步开设了《行走大中原，见证丰收年》大专栏，并根据自己的特性，从不同视角对"三夏"生产进行了解读，使本报此类报道显得更为厚重。专刊出现了一系列调查类的重型稿件，例如《麦收前夕中原行》、《在丘陵山地感受麦收喜悦》、《你有多少粮,我有多大仓》、《正阳:小麦丰收,没有折扣》、《从大忙到从容》、《河北农机手故事》等,这些稿件大多具有较高的质量。

2009年7月

本月,N报共出版27期。报道总体情况是,要闻版头条"自选动作"数量增多,各版对敏感事件的编辑处理都很适度。

从要闻版头条结构看,本报自选题自采访的稿件占到1/2。其中双头条10篇,单头条3篇,两项共13篇。这是一个显著变化。

在重大事件报道方面,主要有乌鲁木齐"7·5"事件、省委八届十次全会召开等。其中"7·5"事件,不仅重大,而且敏感,对此项报道,N报很慎重,采用的全是新华社通稿,共有8篇消息,稿件篇幅都很短小。除了《中共中央政治局常委会议研究部署维护新疆社会稳定工作》一稿刊发在要闻一版报眼处外,其他稿件均刊发在次级版面,给人的总体感觉是,编辑处理既不回避也不渲染。

对规定性报道,如《平安河南巡礼》、《人民英模》、《非常之年看丰收》等,也都有相应安排。其中《平安河南巡礼》栏目共见报8篇,是实施"规定动作"发稿数量较多的栏目。对省委、省政府号召全省推广的邓州"4+2"工作法,有一些零星的各类体裁的报道。

14日新策划的《书记县长访谈》栏目,至月底共刊发稿件8篇。已经刊发的访谈稿件,都能抓住各县特点,具有较强的针对性。例如泌阳县的《打造中国肉牛之乡》、西华县的《大力发展生态循环经济》、林州市的《抓好五大产业建成工业强市》等。

还有一些栏目,尽管分量很轻,刊发密度不高,但感觉颇有发展潜质,如果坚持得好,将会成为与读者距离最近的服务性、可读性较强的特色栏目。其一是《种植天地》版的《欢迎您来猜》。这是一个互动栏目，每期刊发一幅与农业有关的照片，让读者猜猜画面中是什么劳作，或者是什么作物等，然后在下一期公布答案，并公布参与读者的名单。该栏目本月共见报 5 期。通过这个栏目，农业知识得到了趣味性的传播，读者的参与愿望也得到了满足，一举几得。例如 10 日公布的答案：图片中这位朋友在采摘金银花。金银花未开放的花蕾和藤叶可供药用，具有清热解毒、通经活血、凉风散热之功效。金银花每亩种植 150 株，年可产干花 75 公斤～150 公斤，每公斤干花按 20 元计算，可创造产值 1500 元～3000 元。近年来，汤阴县通过发展金银花种植带动 12 万农户走上致富路。其二是《生活与法制》版的《寻亲》栏目。该栏目本月共见报 4 期，每期刊发一篇约 200 字的稿件，帮助读者寻亲，这既表达了本报的爱心，树立了本报良好的社会形象，又非常具有信息价值，所饱含的亲情也非常感人，很能引起一部分读者的关注和参与。

2009 年 8 月

N 报本月共出版 26 期。报道整体情况是，重心突出，舆论导向正确。其中迎接国庆 60 周年主题的报道占有较大比例，形成了浓厚的舆论氛围。这主要表现在两个方面。

一是相关专栏较多。按照"规定动作"，策划"自选动作"，开设了一些醒目的专栏，并且刊发了较大数量的稿件。其中《新中国档案》专栏 8 篇，《共和国足迹》专栏 2 篇，《经典中国辉煌 60 年》专栏 5 篇，《沧桑巨变印证河南》专栏 12 篇。

二是大型专栏《沧桑巨变印证河南》的报道非常醒目。该专栏是本报为了迎接新中国成立 60 周年，与郑州大学新闻传播学院联合策划的。稿件也是本报记者与郑大学生联合采访的。该项报道从 17 日启动，连续刊发，至 31 日共刊发 12 个长篇。

报道整体质量较高,有两个方面尤为突出:其一,所选采访对象很典型。有一些是曾经发生过的轰动一时的,尔后又较少被媒体关注的地点或人物的故事。例如《两个孟楼的竞逐》报道了分属豫鄂两省的孟楼镇,河南一侧的发展曾落后于对方,90年代初被媒体报道后引起关注,经过数年发展,现今已迎头赶上的故事。这个故事反映新中国的发展变化,尤其是改革开放以来的发展变化,比较有感染力。再如《六十年朝阳沟》,报道了因豫剧《朝阳沟》而闻名的朝阳沟村的沧桑巨变。文中描述的事实,"现在的朝阳沟……不会用锄头而感到羞愧的'银环'也不用担心了,因为村民的责任田部分返租给村集体,集中建森林公园,村民们基本上不再种地了",等等,既新颖又耐人寻味。该专栏刊发的其他稿件还有《重访"小麦高产卫星"升起的地方》、《一种拳法产生的财富》、《"人工天河"铸精神》、《探访河南大学生村官发源地》、《经久不衰的烟叶王国》等。

除了迎国庆的大型系列报道,N报还有一组大型系列报道,即反映南水北调移民事件的《丹江北去》,比较受关注。该报道共刊发10篇(包括上月的2篇),立体感较强,并披露了较多的生动细节。例如反映移民搬家,多数人观念很新,大都采用打包处理的方式,把旧家具就地转让,既节省了一大笔搬迁费,又能轻装上阵加快搬迁速度等。报道还根据县志记载,披露了1959年至1960年向青海省移民2.2万人的移民史。文中提到:"他们没有想到在海拔3000米的荒芜高原上,连呼吸都有些困难,刀耕火种如何也吃不饱穿不暖,再加上流行疾病和武斗,在短短的一年里,数千名移民患病或非正常死亡,死亡人数占移民总数的30%左右。""1959年年底,已有少数支边青年返回。移民多属私自返迁,口粮、路费无保证,沿途靠变卖衣物乞讨,5400多人死在途中。"这一素材会使人感到,此事发生在新中国成立之后,移民死亡人数非常大,已属于全国性的历史事件,要在大众传媒披露,似乎还应有个更严谨更权威的信息来源。

另外,本月新出现了3期《挑错热线反馈》专栏,用于刊发读者对本报编校差错的指正意见,这不仅有利于提高本报编校质量,而且有利于树立本报勇于负责和高度自信的社会形象。

2009年9月

N报本月共出版26期,报道整体上比较平稳。

对中共十七届四中全会这一重大事件,N报进行了突出处理。19日,在要闻一版以通栏标题整版刊发了会议开幕的消息,在二版头条位置刊发了《人民日报》社论全文;23日,刊发了省委关于认真学习党的十七届四中全会精神的通知;26日,刊发了省委全委(扩大)会议学习贯彻四中全会精神的消息;28日,全文刊发了《中共中央关于加强和改进新形势下党的建设的若干重大问题的决定》。

在迎接国庆60周年报道方面,延续刊发了相关专栏,主要有《共和国足迹》、《欢乐中原——爱国歌曲大家唱》、《沧桑巨变印证河南》等。其中与郑州大学联办的大型专栏《沧桑巨变印证河南》不仅发稿数量大,而且分量重。该专栏共发稿18篇,多为深度报道,其中一些稿件选题新颖,主题深刻,内容厚重,素材也较为鲜活。例如《河南首家万元户的变迁》、《因穷出名的村庄》、《马振扶的教书世家》、《小车一推几十年》等。

《河南首家万元户的变迁》报道了一个当年被追捧的"万元户"的28年的发展经历。固始县农民蔡林义一家,在联产承包责任制刚推行时,依靠种树、养殖,成为我省第一个被表彰的"万元户"。随着市场经济进程的加快,在激烈的竞争中,他家的经营失去优势,"万元户"的光环逐渐黯淡。90年代,随着改革开放的深入发展,他家的第三代人外出闯荡,打工经商,再次繁荣。这篇报道将"万元户"作为观察改革开放的一个视角,非常独特。

《因穷出名的村庄》报道了曾被意大利导演安东尼奥尼摄入纪录片的林州市大菜园村的变迁。37年前,安东尼奥尼因"暴露中国的落后"而被斥为"恶毒用心",该村也因出现在镜头中以"穷"而出名。改革开放后,该村发生了翻天覆地的变化,当年镜头中那片菜地也已经成为家具市场。这篇报道,触及一段尘封的历史,能够勇于面对,充分表现了今日大菜园村人的高度自信。

《马振扶的教书世家》报道了"马振扶事件"主角之一杨天成的经历。36年前,一个15岁女学生因交白卷被老师批评而自杀,也导致班主任老师杨天成深受磨难。事件被平反后,杨天成重返讲台。36年后的今天,杨天成退休,三个儿子都当了教师,他家也成为教师世家。这篇报道,从一个人的遭遇反映了我国教育事业发展的曲折历程,形象生动,富有感染力。

《小车一推几十年》报道了许昌县水道杨村的变迁。水道杨村是当年先进典型杨水才发扬"小车不倒只管推"精神,带领乡亲们"拔穷根"的地方。如今,该村已经实现了杨水才的愿望。这篇报道,注重发掘曾经的先进典型,从精神传承方面反映历史变迁,颇具沧桑感。

此外,发现一处疏漏:30日四版《……以全新的服务形象迎接祖国60华诞》中"祖国60华诞"的表述不准确,应为"新中国60华诞"。

2009年10月

N报本月共出版22期。报道整体情况是,突出国庆庆典和"三秋"生产,出现了一些颇有新意的稿件。

国庆庆典报道方面,1日,刊发了《国务院举行盛大国庆招待会》的消息,以及《人民日报》社论《迎接中华民族伟大复兴的曙光》;2日,整版刊发了首都举行盛大阅兵式的消息,版面中心是胡锦涛主席检阅部队的大幅彩色照片;此后,庆国庆的《沧桑巨变印记河南》大型特别报道专栏还延续了8期,至16日结束。对于庆祝国庆,N报报道得比较充分,也非常醒目。

"三秋"生产报道方面,10日要闻版头条刊发《省委、省政府发出紧急通知要求抓好当前三秋生产》的消息,此后在一版设立了《抓好三秋生产种足种好小麦》的大专栏,至25日共见报10次,刊发文字稿20篇、照片18幅。该专栏在版面处理方面尤其突出,例如处于一版中心位置,大多占到整版1/4面积,栏题为大字套红等。与此相呼应,23日头条刊发的消息《省委召开常委会传达胡锦涛等中央领导重要批示精神,部署当前粮食生产确保明年丰收》,28日头条刊发的通讯《1078亿斤粮食产量是如何实现的》,以及配发的评论《百尺竿头更进一步》,都具有较重的分量。

刊发了一些质量较高的稿件。文字稿例如《城乡消费》版的《中秋过了,没卖完的月饼哪去了》,《乡情民生》版的《关注彩票负面》、《莫把游客当香客》,《主编说话》专栏的《展示和肯定——有感于农民工及其子女代表参加国庆游行》等等,都能从读者非常关注而又较少见诸报端的方面进行选题,富有新意。摄影稿例如13日《新农村周刊》影像版刊发的组稿《从丹江到原阳800里路新家与故乡》,11幅图片生动地反映了丹江移民对故土的留恋和对新家园充满憧憬的复杂心态。组图中,有大规模的搬迁场景,有老人手牵孙子到江边取水准备带走作纪念的场景,有移民在老屋前合影的场景,有在碧空下一位居民眺望家门口的丹江久久不愿离去的场景,有搬入新居的小移民流露喜悦的场景,等等,这些画面极其自然,人情味浓厚,感染力特别强。

2009 年 11 月

本月报道总体上着力点较为平均，舆论导向正确。

新闻专栏与上月相比，略有减少。形成规模的主要有《新农村帮扶工作巡礼》（刊发 12 期）、《决胜四季度》（刊发 13 期）、《推动科学发展，加快中原崛起》（刊发 9 期）、《民生热线》（刊发 14 期）等。其中长期专栏《民生热线》见报密度显著加大，占报纸总期数的 1/2 以上，正在逐步凸显。

对本月重要新闻大事之一的"深化完善四议两公开工作法"的报道，除了消息、通讯之外，还刊发系列评论 5 篇。该评论是本月唯一的系列评论，凸显了事件的重要政治意义。篇目分别是《一项意义深远的创造性实践》《破解农村难题的金钥匙》《坚持重要原则把握正确方向》《与时俱进创新基层工作》《努力开创基层各项建设的新局面》。对其他重要新闻事件，例如预防"甲流"、抗击暴雪等，也都有一定数量的报道。

出现了一些较为鲜活的稿件。例如 24 日一版刊发的通讯《记者随农户卖菜》，现场感很强，语言尤其生动。其中卖菜人说的"农村妇女就是这样，你不让沾点儿，她心里就不舒服，所以，早上砍菜不让你们砍恁净就是这道理，你砍得再净，她也要剥一层，不然，心里不平"，这话真实、自然，特别符合人物的身份。其中的记者感悟"老百姓真辛苦，老百姓真幸福"，又非常富有哲理性。这类记者追踪菜农的体验式报道，以前也曾有过，但该稿仍然使人感觉不俗，原因就在于每个现场细节都不可复制，都是个性化的，现场报道是常写常新的。

18 日四版刊发的通讯《从山窝里掏出金蛋蛋的女人》，这原本也很容易写成一个俗套的艰难创业故事，但该稿却抓住在山上放养柴鸡的特点，运用生动的语言、独特的细节，仍然给读者以新鲜之感。例如对山上放养柴鸡，有这样几段文字，"山上植被丰富，遍地都是中药材，她迎着朝阳，蹚着露水，在山间给鸡苗准备特殊的营养大餐",“山上的红嘴鹰来捣乱一天竟能啄死四五只小鸡。树林里的黄鼠狼也常在晚上光顾,把小鸡当成美餐。袁晓凤急出一嘴泡,忙下山找有经验的老农请教。老农笑着说,山里的畜生最怕明火响炮,你该明白用啥办法了吧"。例如在叙述她丈夫的态度时,有这样一段文字:"他认为妻子是在瞎折腾,不如自己上班挣钱来得快。直到有一天,煤矿矿长找到他,甩出几张红票子说,老裴,把你家的柴鸡蛋捎来500个,一块钱一个。这对老裴的震动很大,他也真正理解了妻子的选择,此后经常到林子里帮助妻子放养柴鸡……"

2009年12月

N报本月报道的整体特点是,关注点比较平均,重要时政新闻处理适当,舆论导向正确。

刊发的重要时政新闻,主要有中央经济工作会议召开、中央农村工作会议召开、中共中央政治局研究部署党风廉政建设和反腐败工作、省委经济工作会议召开、新任省委书记在省内各地调研等。对这些重要时政新闻,N报均做了醒目处理。其中对新任省委书记在省内调研的报道,在稿件内容和编辑处理方面,符合编委会的特定要求,很好地体现了短小、贴切、实用的风格。

要闻一版的头条构成有如下分布:书记动态的6条,中央会议的4条,省委会议的3条,全国性动态的2条,省内农村动态的12条。从这一构成看,头条突出了新任省委书记活动的报道,突出了本省新农村建设的报道,与本月实际情况契合,与本报的报纸性质相符。

2010年1月

新年伊始,N报从内容到形式都进一步改进,令人耳目一新,更加符合上级编委会提出的要树立新理念、大力改进文风的要求,符合总编辑提出的"短、深、贴、实"的要求。

一是表现在重大事件报道方面。对于"我省'两会'召开"这一重大事件,N报提前介入,在召开之前即在一版开设了《代表委员履职这一年》和《两会民意直通车》这两个醒目的专栏。至25日会议开幕,两个专栏已各自刊发了5期。该专栏形式新颖,报道早于其他许多报纸,主题鲜明,突出了"三农"问题,贴近农村农民,内容实在,整体导向把握适度。

二是表现在要闻版内容结构方面,中心位置乃至头条更多地留给了基层,留给了普通群众。在25篇头条稿件中就有11篇是报道基层的稿件。例如1月8日的一版组合头条稿件《"王能人"家的年终总结会》和《两个农民的新年憧憬》,报道了商水县刘湾村王中亭一家和汝南县种粮大户程明军、返乡农民工乔红卫的故事,并配发编后《农村,一片热土》,呼吁人们更多地关注普通农民家庭的发展。1月7日一版刊发的《河南农民有"面子"》,报道了西平县农民张宝城将在北京拍卖自己的音乐作品,以及开封县农民放映员郭建华30年坚持在田间地头放电影的事迹上镜央视的新闻。1月9日一版中心位置刊发的《大学生的乡村生活》,报道大学生陈嘉良和于敬伟,一个在乡村养殖场里快乐就业,一个当"村官"干得有声有色的新闻。这给人的感觉是,普通人的鲜活新闻上要闻版头条,不但没有弱化要闻版,反而使要闻版更为强势,更吸引人。

三是表现在整体文风方面,短稿多了,内容实了,标题活了。第一,短稿多了。例如要闻一版,除了大幅度压缩重要稿件的篇幅,还开设了《简明新闻》专栏,为"两会"增设了《要闻简报》专栏,在报眼位置更多地刊发标题新闻,这就大大增加了短稿的条数,平均每版达到十四五条以上,很好地实现了长短稿搭配,使版面更为养眼,并减少了转版,使得25期报纸中19期未有转版现象,提高了易读性。第二,内容实了。例如要闻一版,由于稿件普遍缩短,被挤干了水分,内容更实了,信息量增大了。第三,标题活了。各版精心制作的标题更多了。这些标题平实亲切,生动活泼,颇能给读者留下深刻印象。例如《问君何以"凤还巢",只缘家乡重人才》、《外省种地"种"出一群"大户"》、《做粉皮年产值上千万元(引题)高村:"高"在农民专业合作社(主标题)》、《请别忘,今天本世纪首场日环食》、《兄弟,上网开间"农家店",想过吗?》等等。

四是表现在编辑技巧方面,更加注重稿件整合,打组合拳。例如1月11日,要闻一版的《农村义务教育有望快发展》和《高三学生原则上不准留级》两篇稿子,被冠以《教育视点》栏头,在版面上形成了强势;头条将报道遂平县和邓州市的两篇同类稿子,统一在《沼气、秸秆制气、太阳能,新能源正在走近农村》的标题下,凸显了在农村正日益受到重视的新能源建设。1月12日要闻一版上刊发了《中原特色给河南"露脸"》,在这一标题下,集纳了《淮阳布老虎首次登上"国家名片"》、《镇平玉雕荣膺"中国新锐城市名片"》、《香稻丸:息县欲开发成为招牌》这三篇同类稿件,清晰地揭示了稿件隐含的重要意义。由此看出,N报对整合手法的应用日趋成熟。注重应用整合手法,不仅有利于显示编辑思路,而且可以将一般化的稿件提升价值,化腐朽为神奇,充分利用稿件资源。

2010年2月

本月N报共出版18期,较为引人注目的是一些重要评论和系列策划。

在重要时政新闻方面,重点报道了中央"一号文件"的发布,以及我省落实科学发展观坚持"四个重在"的举措。其一,对中央"一号文件"的报道,1日刊发了《中共中央国务院关于加大统筹城乡发展力度 进一步夯实农业农村发展基础的若干意见》。在编辑处理上,将标题置于一版头条通栏加框套红大字作为导读,二版整版刊发全文,非常醒目,体现了大事大处理的原则。随后又刊发了《今年,农民将获得更多的农业生产补贴》、《十二年姓农,新意各不同》等解读类报道,进行了及时的配合。其二,对坚持"四个重在"的报道,9日在要闻一版头条位置以1/2版的篇幅刊发了《谈坚持"四个重在"》大型评论,尔后又刊发了3期《四个重在》专栏,"规定动作"完成得比较好。

对中央"一号文件"报道,其中在要闻一版连续刊发的《坚决防止粮食生产滑坡》、《千方百计增加农民收入,着力加快改善农村民生》、《全面优化农业农村发展环境》、《夯实农业农村发展基础》、《提升党领导农村科学发展的能力和水平》等5篇新华社特约评论员文章,颇有气势,成为本月最突出的重头评论。

围绕"新春佳节"这一主题,N报进行了一些较好的报道策划。其中"块头"较大的例如:《记者新年走基层》专栏,6期刊发的13篇文字稿,内容鲜活,视角多维,生动地反映了农村的崭新面貌;系列报道《移民新村春来早》,特地追踪了丹江库区移民春节前的生活,反映了移民新村的新气象,选题独特;系列报道《援建江油进行时》,共发稿5篇,从不同方面反映了我省援建四川江油的进展情况,及时回应了读者的关注,并为节日增添了喜庆气氛。

刊发了一些可读性较强的稿件。例如摄影组稿《板桥小学65个小学生21个小锅灶》,从各自起火做饭角度,记述了山村小学生们艰苦的学习生活,反映了他们吃苦耐劳、乐观向上的品格,颇能引起人们对农村教育现状的深入思考。例如《爸爸妈妈你们在哪里》,报道了身患疾病被父母遗弃在医院3年的11岁女孩得到医院和社会多方关爱的故事,文笔细腻,细节生动,表达了可贵的人间温情。其他的可读性较强的稿件还有《返乡农民工咋过年》、《北京卖米女县长昨日郑州卖猪肉》等等。

2010 年 3 月

N 报本月的报道,重点突出。

本月报道最突出的有:全国"两会"召开,省委、省政府关于加大城乡统筹力度的实施意见出台,大力倡导和弘扬"三平"精神等。

其中全国"两会"报道,作为常规报道,从 4 日至 16 日,延续时间较长,发稿量很大。N 报该项报道重视读者定位,多从"三农"角度选稿,效果很好。这仅从标题即可看出,例如《两会声音》专栏的稿件标题《建议调整村委会任期》、《城镇化不是要取消农村》等。

关于大力倡导和弘扬"三平"精神的报道,在要闻一版刊发系列评论 3 篇——《"三平"之中见精神》、《"三平"之中悟人生》、《"三平"之中话发展》,较好地形成了舆论强势。

2010 年 4 月

N 报本月的报道,有两方面引人注目。

一、突出了当前的中心工作。例如关于经济发展方式转变报道,以大型评论和系列评论为统领,非常醒目。9 日起,在头条等位置刊发了以《中原崛起的必然选择》、《加快转变促发展》、《转方式先要转观念》、《为加快转变提供坚强保证》为题的系列评论;16 日,一版用 2/3 的版面刊发了《发展的必然,时代的抉择》大型评论。再如《统筹城乡,科学发展》专栏,共发稿 10 篇,以较高的密度、醒目的栏题,形成了一定的报道强势。

二、出现一些好的专栏策划和稿件。例如《河南省农产品质量安全系列报道》专栏,具有较高的新闻价值,并且可供开发的新闻源非常丰富,是大有文章可做。目前已刊发 3 篇稿件,数量和密度有待增加。好稿方面,例如 26 日四版刊发的《苦恼的帽子》,事件典型,发人深省。文中说,"本是一个贫穷落后的小山村,17年前阴差阳错地戴上了一顶'小康村'的帽子,从此无法享受很多惠农扶持政策。他们想摘帽子,却又摘不成"。该稿虽然仅报道了这个村子"戴帽子"的前因后果,但其内涵特别丰富,会使人联想到不同年代的荣辱观问题、政策导向问题、政策衔接问题,以及村民等、靠、要的问题等等,总之还可以延伸出许多好文章。再如,30日三版刊发的《二十年来我是谁》,报道了一位患病丧失劳动能力的农村妇女,早年出嫁后因担心要上缴提成,在婆家没有办理户口,如今却因没有户口而享受不到惠农政策,于是要求重新办理户口的故事。该事件非常独特,这与上一篇稿件有异曲同工之妙,都从不同侧面反映了当前惠农政策带给农村的积极变化。再如2日要闻版头条刊发的通讯《农民拍电影,不是闹着玩》,内容新颖,信息量大,有深度,标题轻松自然,颇能引起读者关注。

2010年5月

本月,N报报道突出了夏粮生产。

6日,要闻一版头条刊发的报道夏粮生产的整合稿件,包括2幅图片和2篇消息,既充分利用了短稿,又产生了一定的声势,形式有新意。从11日起,在一版连续刊发的《粮食怎么保》系列评论5篇,以生动的论述、密集的刊发,强化了舆论、彰显了本报的报道关注重点,具有很强的指导性。从5月22日起,又在一版显著位置连续刊发了《磨镰霍霍,喜迎三夏》大专栏。至月底,该专栏已见报8次,对我省的"三夏"生产进行了充分报道。

对其他重要新闻事件也都有较好的反映,例如世博会、江油重建等。世博会报道,本报于月初启动《记者在世博》专栏,刊发了一些本报记者的现场报道。报道生动活泼,可读性较强。8日,刊发了整版的画刊《河南美食香溢世博》。

要闻版开设了《"渠首杯"新闻头题大赛》专栏。在全月的24篇头条中，该专栏的稿件占有11篇，比例最大，产生了一定影响。从参赛稿件的内容看，多属于工作类，还有待进一步拓展报道面，使之更加丰富多彩。

2010年6月

在本月"三夏"大忙时节，N报浓墨重彩，集束式地报道了这一重要生产活动。

其主要体现，一是采访活动的声势较大，与大河网、河南电视台新农村频道、河南电台农村广播进行"四媒联动"，开设了《行走大中原，见证丰收年》大专栏，联合报道，引起社会广泛关注。二是该专栏占用版面篇幅大，发稿数量多、密度高，成为每期报纸的报道主体，给人印象深刻。该专栏均刊发在要闻一版醒目位置，每期约占据1/2版面，平均期发稿件6件。从1日至22日，15期专栏共发稿92件，其中文字稿47篇，图片稿45幅。三是好稿数量较多。由于多来自生产一线，许多稿件的现场感强、内容鲜活、可读性强。例如通讯《农机培训课上说安全》，其中有这样一个细节："一个学员在后面看不见，挤到前面上到收割机的割台听，牛老师看见了，笑着对那位学员说：'千万要记住了，收割机在工作时，严禁攀爬割台，从现在开始就要养成好习惯。'那位学员听牛老师这样说，不好意思地下来说：'啊！？不能上，知道了牛老师，从今以后绝不再犯同样的错误了'。"由于细节的不可复制，因此该稿尽管报道角度不算新颖，却也同样具有独家性。再如消息《收割机高速收割不漏油》，报道了一位农机手的技术革新成果，该项成果可使收割机每收割1000亩小麦增收11吨～25吨粮食，每台节省3000元～5000元的柴油钱，向农民读者传播了非常实用的信息。其他稿件如《双料大户的心声》、《养牛大户拾麦秸》等，也都很值得一读。

三、采编考评札记

这是笔者为某报社内部业务刊物撰写的采编考评札记,是连续刊发的系列稿件。内容都是在评报过程中的思考,有感而发。它与本书刊载的其他评报文本的不同之处在于,每篇的内容都有很强的针对性,都有鲜明的主题,重在联系新闻实践讨论原理问题。

让稿件更易读

作为评报人员,我们每天的阅读量相当大。仅对本报的阅读,从早上8点钟开始,通常要到10点钟以后才能完成。我们还要读得很仔细,否则就难以准确评判稿件的优劣。这与普通读者不同:普通读者可以挑选着读,对不感兴趣的可以不读;我们则是必须读,没有挑选的自由,即便遇到很晦涩的稿件,也要硬着头皮读。强迫自己阅读不愿读的稿件,是件"痛苦"差事。因而,我们深切体会到,写稿子一定要适应读者,尽量易读些。

"易读"与常提到的"可读"是有区别的。以我们的理解,"可读"的外延大于"易读","可读"包括内容和写作形式,而"易读"仅仅指写作形式。

个别稿件很难读,主要表现在几方面:

数字过多罗列。数字很枯燥,也需要读者边读边思索,如果用得过多过滥,就会使读者难以将文章的首尾连贯,导致阅读障碍。按说,新闻稿不同于工作简报,一般不需要罗列那么多的数字。对于一般读者,只要有几个能说明问题的关键数字就足够了。

叙述过于琐碎。对一些篇幅较长的事件报道,一般来说,读者感兴趣的是故事梗概,而不是很琐碎的枝节,似乎不宜过多过细地陷入枝节描述。要知道,多数读者读报是一目十行,是扫描式的,他没有更多时间去弄清更多枝节,他只需要了解故事梗概。有高质量的导读当然好,若没有导读,叙述中最好有一些关键词,以便于读者跳跃阅读,否则会令读者在枝节叙述中长时间徘徊,从而产生阅读疲劳。

段落过于冗长。稿件发在版面上,会产生视觉效应,如果段落过长,黑压压一片,就会令人望而生畏,不忍卒读。这类长段落被形容成"大裆裤",我们只有将这类"大裆裤"截短,才能使读者产生视觉上的愉悦,才能适应读者快节奏的阅读需要。

以上列举的,仅仅是我们在评稿中感受到的,实际上,稿件不易读的原因还包括最多,例如专业术语多、句式欧化、表述含混、条理不清等。如何增强易读性,这是个很值得我们深入探讨的问题。(2005 年 4 月 22 日)

大题小做与小题大做

一次,总编在审定见报稿件质量等级时,对一篇短消息很感惋惜,认为它尽管披露了一个有价值的现象,但仅此而已,太简单,倘若多问几个为什么,稍微往深处挖掘,就有可能写出很好的深度报道。

这篇稿件属于"大题小做"。所谓大,是指内容很丰厚,可以使用较多的笔墨来表达。当然,"大"不仅仅是篇幅长,主要在于信息量大;小,也不仅指篇幅小,主要指有效信息少。

在评报中,还曾遇到类似的稿件,印象较深的是一篇反映某地"开杀戒",捕杀150头野猪的短消息。由于环境改善,当地野猪迅速繁殖,达到1000多头,危害庄稼,于是被限量捕杀。当时看了这条消息,觉得很有意思,还想多了解一些故事,可惜报道得比较简单。作为读者,我们想更多了解的是,当地野猪总数是怎样统计出来的?动物的种群密度有科学规定,过疏过密都不利于生态平衡,确定捕杀150头野猪,数量有何依据?动物的活动区域有边界交叉,动物保护需要多边行动,周围的县市采取联合行动了吗?……如能将读者感兴趣的这些情况予以披露,提升到传播环保知识的层面,内容会更加丰富,更加吸引人。

与"大题小做"相反,另有个别稿件是"小题大做"。很长的一篇稿件,在版面的位置也很显要,但有价值的信息太少,水分太多,读起来寡淡无味。其中的背景材料,多是老生常谈,信息含量也很小。由此可见,信息量大小与稿件篇幅并不必然对应,篇幅长既可能信息量大,也可能信息量很小。但篇幅过小,容量不足,也难以承载较大的信息量的。

所以,新闻报道要准确地量体裁衣,该大则大,该小则小,做到大小适宜。要实现这一点,关键在于揣摩读者心理,善于站在读者的立场,想读者之所想,给读者之所需。(2005年4月28日)

专刊将往何处去

本报的专刊各有特点,内容和形式差异很大,稿件质量评定有无统一标准?答案是:有,但套用的是新闻稿的质量标准。新闻稿的标准与专刊稿有不少的共性,一般可以通用。考评委经过一段时间的运作,并不断纠偏,目前已能较为准确地操作这套标准。

　　这套标准中的关键词包括"选题和角度符合政经大报的要求"、"新闻性强"、"有深度有高度"、"具有贴近性和服务性"等。

　　评稿标准是一种导向,旨在将采编工作导入既定目标。因此可以说,这套标准也是为专刊稿件设定的目标,它预示着专刊将往何处去,达标后将会是什么模样。这里,我们依据质量评定标准,根据专刊今年已评出的好稿所体现的导向,再加上自己的理解,做点预测,与大家交流。

　　其一,选题和角度将更符合本报特性。貌似互不相干的各专刊的选题、角度,将具有共同的视野和视角,使本报整体上做到"形散而神不散"。本报作为党报、政经大报,注重社会现象和社会政策的解读,其专刊,如体育版、金融版、政法版等,选题和角度都将有别于专业报纸。这是读者对本报的角色期待使然。读者选择本报,目的不在于搜寻微观的专业信息,而是希望了解对本专业的社会解读,因此,本报专刊的主打稿件,视野将要跳出狭窄的专业领域,努力探寻专业与社会的联系,更多地在两者的结合点上做文章。

　　其二,稿件将更具有新闻性。新闻性强的标志之一就是时效性、时宜性增强。报纸专刊有别于杂志,应该更讲时效。当然,专刊的时效可以稍弱于新闻版。所谓时宜性,指紧密联系现实,及时关注社会热点。在注重新闻性方面,即使文摘类专刊也不例外。例如上一期《读书文摘》版中,《打工不仅仅是为了挣钱》这篇稿件就比另外两篇获得的评价要高。该稿记述了一位老板的女儿在外打工,从不同视角观察工厂管理的经历,现实性很强。相比之下,另外两篇,其中一篇是史料类,就不及这篇获得的评价高。

　　其三,报道将更有深度和高度。报纸参与大众传媒竞争,杀手锏是什么?是深度报道。与电视、广播、网络相比,报纸传播没有速度优势,没有声光优势,只有思想高度,只有报道深度,是可以独有的。与同类的纸质媒体竞争,要想胜出,也主要靠言论和深度报道。其中深度报道不就事论事,将事件置于复杂的背景下,充分挖掘其隐含的意义,启示性强,能引起高端读者的关注,有的还有助于社会议程设置。这类报道多了,报纸的权威性就会大大增强。可以预见,本报的专刊将会把更多的精力放在经营言论,经营深度报道上。

以上对本报专刊走势的预测,仅是几个主要方面,对其他方面不再提及。我们感到,认清了专刊走势,在考评中能将尺度把握得更准确。(2005年5月13日)

简约标题成主流

新闻标题风格各异,对其评价也会因审美趣味的不同而不同。作为考评者,我们已经意识到这一点,并时时提醒自己努力去除偏见,多些包容,使不同风格的标题获奖机会均等。尽管如此,从评出的好标题看,依然显现一种主流风格,那就是简约风格。

简约风格成为主流风格,既然不是被"考评"出来的,又是什么原因导致的呢?是此类标题基数大的缘故。基数大,获奖数量多,自然就居于主流地位。

若把新闻标题风格分为两大类,一类可称"丰繁"型,一类可称"简约"型。当然,这是极端分类。还有介于两者之间的,略去不提。所谓丰繁,指的是辞藻华丽、回环重叠、一咏三叹、意境幽深之类的风格。所谓简约,指的是短小精悍、多用口语、自然流畅、浅显易懂之类的风格。

风格本无高下之分,只不过要应时而生,与主体搭配合适就好。简约风格大量呈现,成为主流风格,可以说是一种必然,因为它符合规律。这主要表现在三方面:其一,它满足了读者需求。读者读报的首要目的是获取信息,并且是以速览的方式获得信息,很少有耐心去咬文嚼字,去揣摩标题中的隐含,因而很欢迎比较易读的简约风格的标题。其二,它突出了本报的气质特征。本报作为党报、政经大报,作为"大家闺秀",脂粉气一定要少,理应追求恬淡自然的简约风格。其三,它跟上了新闻标题变革的步伐。许多学者认为,如今是快节奏的时代,也是一个返璞归真的时代,时代在变,审美观随之在变,因此,新闻标题,特指新闻主标题,已经形成以简约风格为主流的态势。

从本报看,丰繁与简约不是非此即彼的关系,而是主次关系。我们认为,尽管普遍看好"简约",但在评选好标题时仍应给"丰繁"留有一片天地,哪怕是一小片天地,唯如此,才有利于新闻标题"百花齐放"。(2005年5月20日)

"决策过程"报道潜力大

今年本报的会议报道,已经出现不少有特点的稿件。这些稿件可分为两类:一类是将会议报告提炼得好的,如《徐光春怒斥跑官卖官歪风》等;一类是对会议现场新闻发掘得好的,如反映场内活动的《省长现场点评19市工作》、《煤电双方谈不拢电煤价格》等,反映会议形式变化的《25分钟开完一个重要会议》、《省十届人大三次会议将作出重大改革》等。

从这些稿件中,可以看出近年来会议报道改革的轨迹。

首先是对会议报告内容取舍的改革。改革前,对报告内容多为综合报道,千篇一律,非常模式化。改革后,除特殊情况外,都能对报告内容有所取舍,根据自家报纸定位选取独特的报道视角,例如前面提到的《徐光春怒斥跑官卖官歪风》这类稿件。目前这一改革已经深入人心,其手法已被熟练运用。

然后是对会议现场报道的改革。改革前,对现场的报道几乎没有。个别的只是点到几笔,还仅限于出席者名单,仅限于见物不见人的会场描写,以及"圆满成功"之类对会议成果的相同的概念化表述,这不是真正意义的会议现场报道。改革后,对会议现场开始关注,不仅将与会者的活动情况纳入报道视线,而且对会议成果的表述也更加客观,例如《省长现场点评19市工作》和《煤电双方谈不拢电煤价格》这类稿件。目前,这一改革初见端倪。

从对会议报告的关注,再到对会议现场的关注,会议报道不仅报道会议结果,而且报道产生结果的过程,这种由静态报道向动态报道的扩展,是对政务改革的客观反映。以前,会议只透露结果,即出台的文件,只告诉民众怎样执行;如今,为实现民众的知情权、参与权、监督权,政务公开逐步推行,透明度不断提高,决策过程被越来越多地告知民众,一些会议开始透露会上的意见交锋,透露政策是怎样出台的,或者怎样被否决的,这种变化必然反映到新闻报道之中。

一些具有决策性质的会议,其决策的争辩过程,内容很鲜活,富有新闻性,为民众所关注,是一座高品位的新闻"富矿",也是一座很少被染指的新闻"处女矿",有待媒体深入开发。目前,"决策过程"已被媒体纳入报道视线,但要达到一定的规模和成熟度,还有一段路要走。可以预见,随着政务改革的推进,随着新闻改革的深化,会议报道中的"决策过程"报道将会更多、更精彩。(2005年5月27日)

防止记者角色错位

记者使用"我们坚信……"之类词语,站出来表达自己的观点,这种现象在一些通讯、消息类稿件中偶有出现,尽管是个别现象,却也很值得商榷。

记者在新闻稿中直接表达自己的观点,容易给受众造成"不客观"的印象,原本是一大忌,倘若再含糊其辞,使用诸如"我们"之类无出处的指代,试图将自己的观点当做公众观点,当作结论推出,就会使受众认为是强加于人,从而产生逆反心理。

出现这种现象的原因,可能在于一些记者"当事者迷",没有找准角色感觉,产生了角色错位,不自觉地充当了评论员,说了应由别人说的话。这些记者忽略的基本角色规范是什么?那就是,记者乃忠实记录新闻事实之人,仅此而已,他自己没有理由在新闻稿中论说短长。

事实上,大多新闻稿都包含有记者的观点,只不过有的稿件的观点表达手段很隐蔽,不为受众察觉,好像很客观似的。将观点隐含于事实之中,这是一条基本原则。记者角色错位者却不是这样,他们不能以观察员、记录员的身份出现,不懂得将观点加以包装,寓于事实之中。例如"我们坚信……"是表达观点,"这位官员说,我们坚信……"则是陈述事实,对这两种格式,他们往往错误地选用前者,而不是正确地选用后者。

因此,记者一定要正确理解自己的角色,防止角色错位。只有正确理解角色,才能找准感觉去写稿,将事实与观点明确区分,将消息、通讯类新闻稿与言论稿明确区分。

防止记者角色错位,并不排斥亲历式第一人称报道。亲历式报道,记者以个人身份出现,参与事件之中,可以直接表达观点,一般不存在角色错位问题。当然,为了更像新闻稿,记者还应有所顾忌,在稿中不直接发言为好。如果要发言,最好巧妙些,将观点表达变为事实记述,例如将"我们相信……"改为"我对这位官员说,我们相信……"

角色归位之后,记者若有话要说,企望站到前台发言,完全可以利用"记者感言"、"采访札记"等短评形式一吐为快。记者这么做的好处是,不将个人观点强加于人,让受众感觉自己被尊重,感觉你值得信赖,从而自觉自愿地接受你的"宣传"。(2005年6月17日)

四、读报日记节选

　　这是笔者2005年精读报纸的日记。日记的独特之处,在于笔者是业内人,其中对报纸的点评均出自专业的眼光,并且主要是挑毛病的。之所以专挑毛病,这是考虑到,再好的产品也会有瑕疵,一些报纸尽管质量较高,却也不可避免地存在微小缺陷,以这些缺陷为新闻业务案例,立足于查找问题,容易引起读者兴趣,也更有启示作用。日记记录的仅仅是笔者的个人发现,属于一家之言。

1月1日

《旅游六项十佳评选揭晓》,没有将读者最关注的"十佳"景观、景点予以透露。

1月2日

"省人大常委会废止七部法规的决定"的消息,是较为重要的政策信息,似乎还可做些文章,告诉读者其原因是什么。

1月5日

《一年减少180万农民》文题不符。文中本意是全省新增180万城镇人口,但标题却作了简单换算,使人感觉不完全符合事实。增长人口的来源很多,例如省外移民等,此增长并不意味着彼减少。

1月6日

有关某戏曲获大奖的消息,发了两条,一条是政府重奖剧组的消息,一条是领导在表彰大会上讲话的消息。两条消息都没有披露该剧的内容是什么,而这恰恰是读者最关注的。

有关"13亿人口日"的报道,分散于各个版面。一版有本埠消息《少生1500亿,节约3500亿》,三版有评论《13亿人口意味着什么》和访谈,四版有以《我国迎来13亿人口日》为题的一组新华社电稿。如此处理,缺乏整合,显得较凌乱。

1月8日

《国资委警告严防资本大鳄侵吞国有资产》内容很重要,也含有丰富的信息,处理成短消息,大题小做,素材浪费了。

1月10日

《减刑背后的腐败:严查》,消息写得太简单,该做大而未做大。

联想:政经大报,应该突出政治新闻和经济新闻,并要做深。大报缺乏深度报道是不行的。为鼓励记者做深度报道,可实行分类管理,让一部分记者专做深度,一部分重点做短讯,并且制定相应的激励机制。

以为读者不爱看长稿,其实是误解。长稿要吸引读者,关键是要言之有物,并且易读。

1月12日

《拖欠农民工工资,曝光!》是短消息,很不引人注目。D报则将赖账企业名单用表格形式刊出,一目了然,引人注目。可见,再有价值的稿子,如果得不到好的版面处理,也会被淹没。要重视稿件的视觉效果。另外,该稿标题也不如 D 报,D 报的标题是《赖账不还,要你好看》。

联想:每到年末岁初,总有许多报成绩的稿子,主要是报数字的,各版都有,多而凌乱,使人生腻,何不改变一下形式,将其做成一个固定栏目,例如叫《数字河南》,这一翻新,稿子排列有了条理,也提升了价值,还给那些爱收集数字的读者提供了方便。

1 月 13 日

广告也要重视设计。一些广告设计手法较为陈旧,与改版后的整体版面风格不协调。

1 月 14 日

一版有一条关于黄河冰封的消息,二版有两条有关黄河的消息,为何不整合?按说,可以放在一起,立个栏目,叫做《关注黄河》什么的。

体育版要明确读者定位,若是定位非专业和非爱好者的多数读者,则应在体育与社会的交叉点上多做文章。

1 月 22 日

《执政之要》不像理论文章,没有"论",只是辑纳了古人的言论,其实是资料汇编。按照现在的内容,以《古人论执政之要》为题最贴切。

1 月 25 日

有关英国足球队员阿特金森的报道,标题不雅,例如《小丑阿特金森发表反华言论》、《这人就是狗改不了吃屎》等。

1月26日

《两会花絮》，有些选题较为肤浅。例如照片《为代表准备可口饭菜》、《为代表理发》、《为代表测血压》等。按说，"花絮"选题应该是代表参政议政方面的细节内容。

1月27日

《非公经济春来早》不是代表在议政，而是在谈体会。而且，谈论的是企业内部管理问题，并非大政方针问题。

1月30日

《我见证了直航历史（主标题）郑州台胞吴昀荣返台记（副题）》，文中是第一人称叙述，副题却成了他述，导致人称混乱。

2月1日

《过个快乐祥和年》是一个专栏，由7篇稿子组成，其中《春节将至粮棉油价格走高》一稿不宜纳入这个专栏，因为与栏题不符，与主题很不协调。

2月2日

文娱版首次出现了本埠新闻《访著名作家李佩甫》，不错。地方报纸专刊就应该多些地方新闻，才能体现特色。

2月5日

《春天拎着灯笼走来》是诗配照片，没有新闻说明，属于艺术照片，不很适合刊发在要闻版。

2月20日

《拥挤的招聘会》的特写照片,从负面给人的感觉是"应聘者缺乏文明排队的素质",应引起注意。另外,对招聘会的报道要开发新角度,不要老是采用"应聘者众多"这个叙事模式。

2月22日

元宵节的报道,在三个版同时出现,内容大同小异,应该整合。

《再见无法说友好》一稿出现了不雅文字,例如"是在蹲大便坑时的灵感"。

2月24日

一版组照《烟花衬托下的二七塔》,一幅是天空衬托下的二七塔的上半部,一幅是一名游人的中景,整个气氛太冷清,没有表现出正月十五放烟花的热闹场面。

二版只有一幅彩色照片,整版色彩缺乏呼应,显得很单调。

《郑州,地下的漏斗咋样了》选题有关大民生,不错。民生题材,主流报纸就应该抓宏观事,不要炒鸡毛蒜皮事。

《小富靠勤,大富靠德》,是一个人的创富故事,标题很有新意,但内容却没有紧扣主题。

2月28日

《2009年:我省人口将过亿》中"如何实现新的突破?第一要……第二要……"这句话的新闻源没有交代,不知是谁发的议论。如果是记者议论,就不合适了。

《2005,省会发力增绿》属于平面报道,较为一般。若能将第一个分标题《创建国家园林城市,省会还缺什么?》作为主题,就有了不一般的角度。从问题角度切入,容易表现深度。

3月1日

邓州的党员到编外雷锋纪念馆参观的照片,没有交代纪念馆在何地,没有交代编外雷锋团的故事发生在邓州,缺乏必要的背景,因而无法说清邓州的党员到这里参观的特殊意义,无法彰显新闻价值。

消息《河南纺织亟须打破大而不强困局》的标题主观色彩浓,像是言论稿的标题。若改为《河南纺织面临大而不强困局》就客观了。

有关"寡年"的网评,话题有些陈旧。

3月2日

《省会养老保险欠费数额巨大》一稿,是很重要的社会预警新闻,可惜被处理得很不显眼。另一新闻版上的《我省课改实验区评定档案还将随着学生走》是一则反映微观事实的消息,其重要性显然不如上一则消息重要,却用大字标题,被处理得非常醒目。可见,好的稿子若得不到好的版面处理,就有可能被淹没。

3月3日

《降龙十八掌打进高中课本》标题说的是已经报道过的事实,文中报道的是新近事实——"打进高中课本之后郑州高中师生的反馈",属于文题不符。

3月4日

时评版有一组"大学生当保姆"的评论,另一专刊的主题也是《大学生当保姆,你怎样看》,两个版面同日出现同一选题,缺少整合。

体育版终于有了较有深度的稿子《建业队"冲超"有戏吗?》。体育版不宜都是一般的动态稿。

3月5日

长篇通讯《我从来没有想到伤害他》是一桩普通的杀人案,缺乏新意,缺乏内涵。案件报道的选题,要么很离奇,要么具有深刻内涵,对社会具有普遍的警示作用,二者必具其一。

3月7日

《历经梅花山》是记者随王东灵(典型人物)重返贵州支教的跟踪报道,作为头篇,由于缺乏必要的背景交代,使得没有看过先前事迹报道的读者不知主人公为何人。

《政府能否为婚检埋单》,新闻点应该是"埋单",但却用2/3的篇幅叙述不婚检的危害,颠倒了主次。

3月8日

《两会声音》专栏《火车票应该增肥》是对全国政协委员的提案的报道。要求火车票注明终点站到达时间,这只是对铁路管理的具体建议,很微观,没有提升到政策层面,可以不报道。

"感动"一词,今日同时出现于三个标题,五版《张扬青春,感动中国》,九版《豫剧〈嵩山长霞〉感动京城》,十四版《从感动中国到告诉中国》。整合不够。

3月9日

《省会立法解决入学难》文题不符。本文报道的事实是公布规划草案征求意见稿,尚未进入立法程序,怎能说是"立法解决"?

3月15日

文摘版《高中语文课本〈天龙八部〉节选》选稿较好,配合了当前的热门话题,具有新闻性。报纸的文摘版也要体现新闻性。

3月9日

《郑州铁路局瘦身》有一个很重要的方面没有交代,即郑铁局与武汉局、西安局分离后,相互是什么关系?是并列关系,还是从属关系?

3月23日

一版转版太多,令人眼花缭乱,不便阅读。重要性稍微次一等级的稿件能否仅在一版露个标题,详细内容转至其他版面?

3月24日

《反扒民警竹卫东壮烈殉职》一稿配发的组照,大多是烈士亲属在医院悲痛的场景,似乎不妥。渲染悲痛,并非该报道的主题。

3月26日

有关民警竹卫东的报道,一版发了消息《省会群众泪别英雄》,五版又是一篇相同内容的通讯,重复了。

《我省将完善和深化乡镇机构改革》,没有提炼出新闻点,只有共性而没有个性,有点一般化。其实,文中提到这次改革与以往有三个不同,若将这"三个不同"作为切入点,就有了个性,就有了新闻。

《我省中等教育蓄势待发》,标题太虚,也就没了特点。消息标题的叙事应该具体。

3月28日

《我省将推出八大举措构建艾滋病本地防治模式》，所列举的多是共性模式，看不出本地模式独特在哪里，因此新闻价值不高。

3月30日

《省会交通副中心呼之欲出》是有关"五条高速公路要在登封碰头"的报道，可惜没有配上一幅交通图，效果便打了折扣。

3月31日

《电动车备受宠爱》照片，拍摄的是展销会上小提琴表演，画面与文字说明不符。

人物访谈《豫港合作迎面春天》，访的是凤凰卫视资讯台的副台长，所谈话题是"中原崛起"，这样的话题与人物身份不很符合，不具有权威性。

新华社照片《江西婺源美景》称不上要闻，却发在要闻版上，不协调。

4月1日

时评《如何面对群众意见》不像评论稿，更像是教人如何做的知识稿。评论重在议论，要注意把握这一特点。

4月2日

《我省重拳出击打假》叙述的是个案，却被当作全局报道。消息采用故事手法写作，一定要善于处理个别与一般的关系，要注意对接，不要将个别当做一般。

4月3日

《我省森林防火政策有新变化》标题不妥。试想,哪条新闻不是新变化?没有新变化能算是新闻吗?因而,"新变化"一词是多余的。

4月4日

《中国新闻》版版面有些凌乱。主要原因是选用了一幅线条很乱的照片,并且又将该照片配置在两个图表的旁边,显得更加杂乱。照片也有线条构成和走向,选用时要注意。

4月6日

《全省高招会议传递诸多信息》作为一个专栏,由三篇同类消息构成。但在同一版面的同类消息《高招保送生需公示》,却没有被囊括到该专栏里,而被安排在另一处,组合不周全。

4月10日

《张玮被破格提拔当官》导向有误。将一个工人当官当作新闻,就是将正常现象当作不正常,容易产生负面效果。另外,将做官当作奖赏,内中还隐含着官本位意识。

《工厂上坡,农田安然》似乎不符合生态价值观。荒山是广义的土地资源,是生态的重要组成部分,同样有价值,也应被节制利用,不能认为荒山小于农田的价值,厚此薄彼。

《外语职称考试现场直击反作弊(引题)长着青春痘,却坚称50岁(主标题)》标题有毛病。引题说的是"反作弊",主标题却是对"作弊者"的描述,两者不搭配。

4月13日

《人民币理财冷处理有原因》中"有"字用得不妥。什么事情没有原因？这句话等于白说。可否改为"啥原因"？

　　财经版头条是一篇知识稿，这使我想到，报纸最好以新闻形式来传播知识，将知识寓于新闻叙述之中，否则就不符合报纸的特性了。

4月14日

　　《保险业群雄逐鹿中原》是综合报道，从标题看，选题大而无当，较为一般化。其实，文中提到的"格局变化"和"由分红型向保障型回归"，若能从这两个角度分别做文章，就不一般化了。选题切口一定要小，要具体，这样才会有特点。

　　《省会楼市四大困惑》，其中第四大困惑"谁炒谁得谁失"，没有省会的素材，只有"虚说"，有共性而无个性，很空洞。新闻稿必须要有个性材料，才会有价值。

4月15日

　　三版关于任长霞的报道共四篇（包括一幅照片），却分散在各个角落，为何不集纳组合在一起呢？那样会更醒目和有气势。

4月16日

　　三版头条《模范计生村民每月奖励50元》，该素材适合写简讯，没必要拉长。

4月17日

　　《引进一位院士，年创产值8亿》，"年创产值8亿"还只是预期，尚未实现，怎能如此肯定？

4月20日

　　《从首季增产看全年丰收》本来是分析性报道，可惜用大量篇幅罗列的是外贸进出口数字。只有一段专家分析,还很武断,认为"从第一季度的增产已经看到了全年的丰收"。

简讯《郑州发现冯玉祥机场指挥楼》没有交代是如何发现的、有何根据等,而这恰是读者最关心的内容。

4月21日

《我省科技民企超万家》通篇是罗列数字,像工作简报。

4月22日

《小额贷款好,方便下岗人(主标题)省劳动厅号召职工带头当担保人(副标题)》的主标题侧重叙述小额贷款的作用,这与文中内容不符合。实际内容是"号召当担保人",而不是介绍小额贷款的功能。所以,主、副标题是不可随意转换的。

国际版过于花哨,有点俗,不是严肃报纸应有的格调。

4月27日

《紫荆关:要文气还是要商气》中报道的对策,只有专家的一句话:进行文化生态保护。这话很正确,但却是没用的。这类分析性稿件,不能仅停留在叙事层面,更要注意反映有价值的观点。

专刊的经济类稿子晦涩难读,尽管有专业术语多的原因,但主要是表达问题,表达不够清晰。

《一个失明教师的快乐教育》报道了一位50多岁的村小学教师。这位教师的精神可嘉,但为什么失明11年了仍在授课?这符合师资要求吗?等等,都没有解释。对这一点不解释清楚,就会产生负面效果。由此看,写稿要多揣摩读者可能提出的疑问,并交代清楚。

5月2日

　　要闻版组照《你最累,你最美》由5幅工作照组成,文字说明的格式分别是:"服务员,劳动让人们享受生活;画线工,劳动让车辆和行人平安……"这不符合新闻照片规范。这组照片不像新闻照片,更像形象展示类公益广告,刊发在要闻版是不适宜的。

　　《大学生说方言拿不到证书》是说普通话测试不过关不能拿毕业证书。但标题会让人产生歧义,以为不许大学生说方言。

5月9日

　　一版照片《焦作建起中华第一窑》和三版简讯《省内首条新型干法水泥生产线投产》都是报道在石灰和水泥生产中能有效减少粉尘污染的企业的,同类内容应该组合到一起。

5月11日

　　《我省非公经济快速发展纪略》一类稿子使人想到,最近综合内容的稿子在增多,要注意的是,综述也最好选择一个小切口,而不要面面俱到、笼而统之。

5月12日

　　《俺终于有了医保手册(主标题)省会破解国有破产、困难企业退休人员参保难题(副标题)》不如《人民日报》的标题简洁清晰。《人民日报》的标题是《政府为下岗工人医保埋单》。《俺终于有了医保手册》一稿由于标题表述较为含混,尽管刊发在一版,却难以引起读者关注。

　　《小额担保贷款:好事要办好》表述较含混,也没有提炼出新闻点。D报的标题则是《省领导带头为下岗职工贷款作担保》。相比之下,D报的标题较为明晰。

思考：要做好新闻标题，首先要思想敏锐，要有较强的新闻发现力，语言能力则在其次。

5月16日

《黄河三桥建设经营权易主》是短消息，不够显眼。其新闻价值较高，还可以做大做深些。

5月17日

《高鼻子老外嗅出中国五大商机》以"高鼻子"比喻老外，不妥。老外并非都是高鼻子，并非特指白种人。

《对牛弹琴，猪用空调》标题上下句句式不一致，别扭。可改为《牛听音乐，猪用空调》。

5月19日

政法版主打稿《还我阳光》所配发的评论《比采光权更重要的》，主题是公民胜诉了县粮食局，彰显了法律公正。这样立意很一般，不新鲜，不如议论采光权的立法问题，以及法律如何关注采光权的问题，这样更有独特性，也可与主打稿的本意相对应。

5月20日

《合成药剂主治学童德育问题》标题的"主治"与"问题"不搭配。

5月25日

《再让施工方等七八年？》信息量较少，仅仅告知"环保局欠了80万元一直未还"这样的事实，缺乏深度发掘。稿子就事论事，会显得肤浅。

5月26日

组照《白鹭舞绿城》由三幅照片构成,其中两幅都是白鹭飞翔的镜头,雷同了。按说,组照的每幅照片都应有所区别,在整体上又相互呼应。

《如此行政咋不败诉》反映出案例稿件的通病,即大量地使用法律文书的用语,虽然严谨,但冗长沉闷,缺乏易读性。这提醒我们,要学会用自己的话来叙述案件。

5月27日

《黄钟大吕扬浩歌》,此类标题高度夸张、诗歌化,不符合当代新闻标题的审美观。当代新闻崇尚平实、理性之美。

《千里寻亲路,血脉再相连(主标题)网友为邓州台湾村乡亲寻亲(副标题)》,副标题与主标题重复"寻亲"二字。按说,副标题是对主标题的补充,应有所延伸,而不是重复主标题。副标题不如改为"为乡亲找到陈氏族人"。

《经济高地飘来中原酒香(引题)金星:沪穗两地建分厂(主标题)》,标题中"飘来"一词使用不当,将引题与主标题的关系搞错。引题的功能是为主标题造势,与主标题是从属关系。但这里用了"飘来",引题的主语是"沪穗经济高地",与主标题的主语"金星啤酒厂"不一致,二者成了并列关系,是在分别叙述事实,这就不像引题了。

国际版图片很多,由于平均分布,版面显得有些凌乱。看来,图片多的时候,版面必须注意将图片分组,相对集中,并分出层次。

5月30日

稿中"民营企业家"一词,应改为"企业主"。将办企业的人都称为"企业家",这是当前普遍存在的错误,是用词不严谨的表现。

6月2日

六版《二手房交易遭遇政策真空》的报道说,6月1日并未如期开征营业税,原因是文件尚未落地。D报的报道也证实了这一点。但七版《房产新政威力显现》则说已经开征,与六版的稿子相互矛盾。稿件统筹不够。

人物专访《在音乐之路上跋涉》,缺乏对被访者基本情况的介绍,连他是哪里人、做何职业都没交代,读起来感到莫名其妙。另外,标题中的"上"字可以删去。

6月6日

《副省长邀请台商"发牢骚"》,"发牢骚"一词比喻不当。开座谈会,不仅仅是发牢骚,还会提出一些建议。

6月7日

《服装企业难觅技术工》选题很好,可惜内容较为单薄。

6月8日

《英雄路上:黑烟还要冒多久?》,何谓英雄路？文中没交代。据推测,应该是指夏邑县的雪枫路。另外,黑烟污染和英雄路没有什么关联,没必要特别提到。

6月13日

《世界小姐河南行》的报道,一版有四幅的组照,七版有三幅的组照,并且两组照片内容多有重复,例如在龙门和少林寺的镜头,两组都有。问题在于,有没有必要刊发这么多？ 有没有必要在两个版面上同时刊发？组照应该讲究章法，一是要集中刊发，例如在一版发一幅导读，再在后面的版面集中；二是组照的照片内容不能相互重复。

6月15日

一组关于电影《青红》的报道，内容一是省会推介会，二是主角访谈，三是导演访谈，但对于读者最希望了解的该剧的剧情却没有介绍。

6月16日

五版有关中考、高考的消息共三篇，却东一篇西一篇的，安排得比较散。七版也有中招的消息。为何不整合？设想，假如中考、高考期间设计一个固定专栏多好，这不仅显得报纸有策划、有条理，而且更为醒目，方便读者搜寻。

《两女子欲踏东灵支教路》中说"重庆的23岁的女孩某某"，称其为"女孩"，应该是老者的视角，可本报的读者并不都是老者，因而称呼不妥。23岁，该女已是成人，记者应该立足于读者的视角，采用普适性称呼，称其为"女青年"。

6月17日

《飞湍瀑流直下，浪淘千里黄沙（引题）黄河调水调沙转入生产运用（主标题）》，由该标题联想到，目前做标题有一种不好的倾向，重视引题而轻视主标题。引题本来是辅助标题，如果做得很复杂，就会喧宾夺主。另外，引题辞藻华丽，主标题平实，风格也不协调。

6月20日

新闻标题用引号太多，有的标题甚至用两处引号。例如

《到鸡棚牛屋去"办公"》、《2.5亿元"贴"进烟农"兜兜"里》、《家庭买保险,"男女应有别"》、《把握河南特色,创造"河南模式"》等,仅仅两个版面就有如此多的带引号的标题。用引号太滥,不便于阅读,视觉上也觉得不舒服。从以上所举的例子看,许多引号是可以省略的。

6月21日

《3年内培育7000家农家店》的题文不符。从文中看,这个计划在今年4月已经开展,是旧闻,是新闻背景,导语提供的最新事实是"正在推进"。新闻背景的内容不宜做主标题。

6月23日

《我省煤炭:从黑金中淘金》,黑金也是金,从中淘金并不反常,因而不是新闻。这是标题表述不严谨导致的问题。

《两家世界500强牵手永煤》导语中对核心新闻事实发生的时间没有交代。对非核心事实,即背景事实——董事长当选却作了时间交代。看来,是将两种事实混淆了。

《乱打希望工程旗号小心惹官司》,文中这样叙述:"依法判决其赔偿8万元","判决生效后某某不履行判决","经过做工作,终使对方支付赔偿金7.2万元",这使人不解:难道执行赔偿金还可以讨价还价吗?

6月25日

一版组照《一路走好》是大学生毕业离校的情景,说明中没有交代具体的地点和人物,很虚,像艺术照片。

6月28日

《少数福利企业恶意骗税》是300字的简讯,这个素材不错,深入挖掘可做深度报道。

文娱版整版展示了"银幕上的优秀共产党员形象",虽然有创意,但总觉得缺少新闻味,像是电影海报。思考:要注意将资料性内容转换成新闻形式。

7月1日

言论《外出打工当心合同陷阱》开头便说:"春节过后,许多民工开始外出打工……"此由头很缺乏时效。新闻言论稿也应该讲时效。

7月2日

《永不忘记的三个身份》,标题是名词性短句,不是在陈述一个事实,这不符合新闻标题的要求。若改为《永不忘记三个身份》便成为动宾词组,成为陈述句,也就有了动感,像新闻标题了。

7月4日

《老侯的沼气账》有一句"掰着指头算",这种说法太多了,有点俗。

《春节放炮有望开禁》标题不准确。事实是省会有关部门发布征求意见稿,结果如何尚不得知,怎能说"有望开禁"。

7月6日

《能换米能换面,吃不完还能卖》报道某镇粮管所代农民储粮的事,不足是仅仅叙述了方便农民这一情况,却未提到这也是粮管所的一种经营方式,因而会使人误解,以为粮管所是在无私奉献,这不真实。粮管所改进经营方式,作为一种双赢措施,也是值得肯定的,没必要含糊其辞。

7月7日

《高校不得委托中介招生录取》、《增加招生计划需有专用章》,这两则标题像是公告标题,没有转换成新闻标题的形式。新闻标题最好是叙述事实,不宜运用指令口吻。

7月12日

《淮河干流最大洪峰安全过息县》通篇都是水位、流量的数据,像是工作汇报。若采用新闻手法,多些比喻、描写,就有可读性了。

《连续六年耕地占补平衡》说的是为了达到耕地占补平衡,"对荒坡、荒沟进行整治,共填土、灰渣40余万方,新增耕地242亩"。这种做法有损生态环境。荒坡有荒坡的作用,盲目改造成耕地有可能导致水土流失,或者导致泄洪道堵塞,宣扬这一做法,不妥。

7月13日

《让孩子的暑假过得精彩》安排在《成才论坛》言论专栏,但通篇没有议论,不像言论稿,更像是经验交流文章。要注意准确地为稿件分类。

7月16日

《商丘劳务输出走向"品牌化"》的标题"走向品牌化"动宾搭配不当。"品牌化"也不需要加引号。标题滥用引号的现象值得注意。

7月19日

一版有关"大学生到西部志愿服务出征仪式"的报道,有两幅照片、一篇消息,却不在同一版位。按说,同一事件的报道,若同时刊发照片和文字,应该整合。整合时要有主有从,或以照片为主,或以文字为主,不宜平分秋色。

《虚拟财产引发真实犯罪》是个很有价值的素材,可以写成深度报道,仅仅发简讯有点可惜。

7月20日

一版主打照片"台风海棠登陆,杭州西湖游客躲避大雨",与有关我省的消息稿《"海棠"今起波及我省》组合在一起。消息的标题很醒目,由于紧贴在照片之下,乍一看,会使人误以为是照片说明,误以为照片拍的是我省新闻,这样搭配不合适。

7月26日

《某某痛批奢侈性救灾》使人联想到,最近"痛批"、"痛斥"之类的词语较多,成了模式。一个说法再好,也不宜反复使用,用多了就俗了。要注意创新。

7月27日

《现代汉语添"新丁"》,用"新丁"不如用"新词"。本来很容易懂的词舍弃不用,却要绕个弯子选用比喻词,会给人以做作的感觉。再说,用"新丁"比喻"新词"也不贴切。

7月28日

有关省人大十八次会议,除在25日刊登了一篇开幕简讯之外,对会议就没再关注。D报则是以表格的形式刊登了会议对35件提案的答复等。对比可见,此次对这一会议信息源利用不够。联想:会议往往包含着丰富的信息,应被较多地关注,并得到深入发掘。

7月29日

《全球百强十载铸辉煌,百万大报今朝续华章(引题)……》使人联想到,引题过于考究反而会喧宾夺主。要简化,尽量不用可有可无的引题。

《催生人才资源,转化人才资本(引题)邓州唱红人力资源开发戏(主标题)》,该标题的引题与主标题内容多有交叉,引题可以不要。

8月2日

《我省秋季两免一补对象"扩容"至620万(引题)……》,既然要把"扩容"一词用引号引起来,为何不用"扩大"一词?"扩大"这个词不需要引号,通俗易懂,应该作为首选。

《华人南非再遇害,黄金之都染血痕》,标题上下句多有重复。"再遇害"和"染血痕"都是一个意思,没必要重复。复合标题的上下句应该既有联系又有区别,成为有机的整体。

8月3日

《市民可免费获得政府信息》缺少一项重要内容,没有交代信息公开的具体方式,也即市民获得政府信息的渠道,这恰恰是普通读者非常希望了解的。对比一下,发现Z报和D报对这项内容都有交代。

8月4日

《60秒掌握全省汛情(主标题)我省水文测报将告别"人工"(副标题)》是有关人工测报系统研制工作启动的消息,属于预告性消息,但却将其当做既定事实报道。这项研制,有成功或不成功两种可能,怎么现在就肯定"将告别人工"呢?

《"射日"未果,国足难攻不胜史》,"射日"是指对日本队的足球比赛,不看文稿很难懂得是什么意思。

8月5日

《本色英雄——追记共产党员、复员军人某某》叙事较为拖沓,有许多内容本来可以略写,一笔带过,却不厌其详地加以描写。

《高速公路广告"待嫁"(主标题)1400公里路段10年经营权"翘望婆家"(副标题)》,上下句同义反复,"待嫁"与"翘望婆家"是一个意思,没必要重复。

《红旗渠畔惜水如油》是不错的选题,可惜大题小做,只写了简讯。若能深入挖掘,可以写成不错的深度报道。该稿有句话"修建了1000余座水库和池塘,留住了过境水,蓄住了天上水,涵养了地下水",其中"留住了过境水"的说法不符合生态理念,因为过多地留住过境水不仅影响下游的生产、生活用水,还会影响下游的生态用水。

8月6日

《产煤不卖煤,种粮不卖粮(引题)永城巧做黑白经济大文章(主标题)》有偏颇之处。地方不卖原料,拉长产业链,对全局来说未必是正确的。其一,如果各地都不卖原料,怎样形成整体的经济布局?其二,现代产业需要专业分工,各有所长,一个县如果不具有高端加工技术硬要上加工项目,那对整个社会来说,仍然是一种资源浪费。所以,有些事情站在局部看是对的,站在全局看却是错的,我们不宜过分强调某一个方面。

8月7日

《"麦莎"卷来"风""暴""潮"》用的引号太多,默读感到很不流畅。可以换个说法，尽量少使用引号。

8月9日

《东灵来信》专栏，已经间隔很长时间，在此突然刊登一篇支教教师的生活片段，又没有任何背景交代，读来令人莫名其妙。

8月10日

《生态农业绿意盎然》中说："经过改造，黄河滩不再黄了，不仅外滩区种满了树木庄稼，就连紧贴河床的内滩也全部被农民承包……"内滩区属于湿地，承包给农民种庄稼，不符合生态治理要求，此做法不宜提倡。要注意传播科学的环保理念。

8月11日

照片"50多名韩国中学生在郑州旅游，在二七广场举行教学训练"，显得我们这个城市少见多怪，好像很封闭似的。因为外国人来旅游，对一个开放城市算不上新闻。所提到的"教学训练"从图上看不明白，文字说明也没有交代清楚，内容突出了"旅游"，而这个角度恰恰缺乏新闻价值。

8月12日

《中国警察享誉利比里亚（主标题）记我省国际维和警察樊冠钰（副标题）》，主标题与副标题缺乏逻辑联系。

专栏《基层党组织，群众的主心骨》由两篇稿件组成，其中《果林深处杏花村》一稿，村支书仅仅向记者介绍了村里的变化情况，并没有涉及基层党组织的作用问题，这与专栏标示不符合。

8月14日

《榜样的力量》中有这样一段话:"半个多月里,报告团巡回全省……共作报告32场……辽阔的中原大地,被一种感动打湿了,被一种感动充盈了,被一种感动浸透了。"这种诗化语言,飘渺,主观,不适合用于新闻稿。

《长远之益难敌眼前之利》,"长远之益"是生造词,不规范。

8月17日

《油荒席卷珠三角》,"油荒"与"席卷"不搭配。

《省地调院青藏地质调查结硕果》缺少时间要素。仅提到"经过两年艰苦奋战",不交代起始或者终止时间,就无法使读者得知事实是何时发生的。

《哥客机续演蓝天悲剧(主标题)距塞航空难仅隔两日,又一客机失事(副标题)》,主标题中"续演"一词使用不当,情感色彩不对。对空难不宜使用"演出"这类词语来表达。

8月19日

《初中毕业生也能上大专》的导语中说:"这里向广大考生介绍两种初中毕业生可以升入大专的形式——"这种表述和写作模式,更像是知识类文章,而不像新闻稿。

《和平使命——2005军事演习拉开帷幕(引题)中俄军演长剑出鞘(主标题)》,引题与主标题多有交叉重复,表述的是同一个意思,上下句缺乏互补。引题中的"军事演习"和"拉开帷幕"可以不要,可否改为"代号:和平使命2005"?再则,该引题叙述了一个完整事实,这样就失去了"引子"的作用。

8月23日

五版教育方面的稿件(包括照片)共有7篇,其中考试信息

3篇,分散于版面各处,显得很凌乱,应该整合。

8月30日

一版《3亿良种补贴改为发补贴券》与二版的"财政厅就此事致农民的一封信"说的是一回事,分散在两个版上,很凌乱,既不醒目,也显不出编辑思路。应该整合,或者合为一篇稿子,或者刊发在一起。一版若安排不下,就仅发个导读,将两篇稿子在其他版整合。

8月31日

《四六级成绩后天可查》的信息太微观,读者面太窄。

9月3日

一版有个较大的不完全封闭的彩色线包框,感觉很不严谨。一般情况下,线框全包的效果较好。

9月6日

《"中原文化上海行"昨起推出"文化盛宴"(引题)中原风情"飘香"浦江两岸(主标题)》,上、下句内容杂糅,很别扭。另外,"风情"与"飘香"不搭配。

《刷!刷!刷!没卡我就不逛街》,标题虽然新奇,但不够端庄,与严肃报纸的格调不一致。

9月9日

《我省围剿孔雀石绿水产品》的导语的时间表述自相矛盾。说是"从9月8日起,我省将全面查处……"从昨天起新闻事实已经发生,怎么能用"将"字呢?

9月11日

《我省严肃处理两起煤矿事故责任人》,"严肃"一词很抽象,少用为好。再则,应用该词也有违法治精神,因为对哪件案子都应依法处理,无所谓严肃不严肃。

9月13日

《项目和资本对接的盛宴》,"对接"和"盛宴"不搭配。

9月14日

《我省处理6起建筑安全事故》没有必要一一罗列每起事故,而应将6起事故的特点加以概括。新闻报道不是工作通报,必须将事件进行梳理,帮助读者更便捷地获得信息。该稿给读者的感觉是比较琐碎,篇幅大但信息含量小。

照片《让我仔细瞧瞧》的说明中"这位农民对抢到的农业科技资料如获至宝……""抢到"一词不妥。这个词虽然表现了农民喜爱科技资料的劲头,却有失文明。"抢"字在以前的报道中经常运用,现在该重新审视其负面的含义了。

9月15日

《劳动案件办不好,主办监察员负主责》导语说是郑州市劳动监察支队任命13名主办监察员,但以下却着重报道了对监察员的管理办法,这与标题的角度不相符,也不能满足读者需要。对于读者所关心的监督员的职责是什么,能为群众解决什么问题等,文中都没有交代。

9月16日

《我国气象灾害监测能力增强》报道了两方面事实,一是我国的情况,二是我省的情况,平均用墨,却未能将两方面事实融合,主题不集中。不如重点报道我省的情况,将全国的情况作背景。

《全力打造黄帝文化(引题)新郑百万重金买点子(主标题)》是简讯,分三个自然段,第一段导语,第二段是开发的意义,第三段是买点子的意义,但对于核心内容——怎么买?截至何时?是买整体方案还是个别方案?对这些读者最关心的内容却没有交代。

《永乐通利昨日分家》导语说是"永乐正式收购通利",标题怎说是"分家"?令人费解。

七版以《都是喝酒惹的祸》为栏题,发了两篇社会新闻。其中一篇《借酒壮胆去偷车,喝得太高却被抓》导语说:"三名偷车贼为偷车喝酒壮胆,被车主发现后逃窜,其中一贼因饮酒过多栽倒在地上被抓获。"贼被抓应该是好事,怎能说是"喝酒惹的祸"?

某版用大半个版的篇幅,以《联合国:风雨60年》为题,刊登了联合国的历史资料。通篇没有核心新闻,只能算是新闻链接。以辅助内容作主打稿,不应该是新闻版的处理方式。

9月19日

《郑州:30天内炸掉28家矿井》,标题含混,将预告消息当作已经发生的事实。

9月21日

一版刊发了《我省18个试点县推广测土配方施肥》,三版刊发了确山县的《给土地把脉,照处方施肥》,两篇都是同一内容的报道,区别在于一个是全省的情况,一个是全县的情况,属于重复报道。即便都需要刊发,也最好整合。

9月22日

《鄢陵,叫响"中国花木第一县"品牌》,这是已经报道多年的老题材,该消息却仍在原地踏步,没有反映最新进展,因此不具有新闻价值。老题材要注意出新。

照片《大学生当"导游"》,说明没有交代清楚。"大学生"是毕业生,还是在校生?如果是在校生,又怎能上岗当导游?是否临时工?等等,都令人费解。据推测,可能是应届毕业生。这里属于用词不准确,没有将"大学生"与"毕业生"加以区分。再则,没必要将"导游"一词加引号。

9月23日

《我省城市环境综合整治定量考核:郑州第一,周口最后》导语中"周口市则'敬陪'末座"的说法虽然幽默,但对这一严肃的考核结果的表述不够庄重。

9月24日

一版《〈笑满中原〉昨晚"笑声"满中原》是相声演员范军在省会专场演出的报道,与十版文娱版的《范军:让笑声满中原》(专访)报道的是同一个演员,标题太雷同。

9月29日

《防腐之都是怎样炼成的》中有一段话:"他(县委书记)这样解释,'尊重企业家,就要让民营企业家政治上有荣誉、社会上有地位、经济上得实惠……'截至目前,长垣县共有100多名民营企业家被推选为省市县人大代表和政协委员。"这是观念错误,误将当选人大代表和政协委员看成是一种奖励。

《他只想着工作,想不到身体(主标题)追记某市公安局副局长某某(副标题)》,标题表述的理念不合乎时代要求。现代理念应该是工作和身体二者兼顾。

9月30日

《回报》有一句话:"(军转干部)马某在任供应科长至党支部书记的20多年中,以不贪公司一分钱的军人作风……赢得了大家的尊敬和爱戴。"这段话中,"以不贪公司一分钱的军人作风"的说法不妥,因为"不贪钱"并非军人的独有特征。

10月9日

一版刊发一幅郑州风景照,配有一首诗,这属于艺术照片,刊发在要闻版与版性不符合。

10月12日

四版《中国新闻》版和五版《视点新闻》版都整版地刊发了有关"神舟六号飞船升空"的报道,由于缺乏分类,两个版的内容多有交叉,显得有些凌乱。例如四版有2篇关于发射天气的资料《载人发射需要什么天气》,五版则有《神舟六号缘何秋季发射》,为何不将同类内容整合?再如,四版有《神六与神五的区别》、《神六内部环境详解》,五版有《神州六号飞船构成》,都是同类内容,却分别发在两个版上,也是缺少整合。

《开幕式门票告罄,黄牛党趁机爆炒》为了映衬十运会门票紧缺,对炒票的黄牛党做了渲染,但对这种违规行为却没有批判之意,不妥。

10月17日

《高科技助河南车手驶向2008》中所披露的训练方法,称不上"高科技"。

10月18日

消息《一代文学巨匠巴金逝世》缺乏一项重要的事实交代，即他的终年是101岁。巴金除了他的文学成就之外，高寿也是重要特点，消息应该交代。文中尽管有他的生辰年月，但还需要读者换算，不如直接说明。

二版有《焦作公路密度全国称雄》，三版有《我省公路总里程列全国第二》、《我省55个展位量居全国第一》，这三篇稿子标题雷同，内容类似，应该整合。

《会展中心本周末启用，居民下月可用暖气（引题）郑东新区风采初现（主标题）》，引题肯定"下月可用暖气"，而文中的分标题却是《今冬新区居民能否用上暖气》，自相矛盾。

10月20日

《未经批准乱建设施，人与生物争夺空间……》，"人与生物"之说不合逻辑，因为二者是从属概念，不可并列使用。应改为"人与动植物"。

10月21日

《前三季度我国经济增长9.4%》是简讯，标题将"增长9.4%"处理成红底白字，以示强调。如此处理，与该版的其他标题形式不一致，却与栏题的形式相同，乍看就像是栏题，效果不好。

《全国首台票币灭菌传递机濮阳投用》是简讯，对机器只有"各项指标达到国家标准"之类的抽象说明，却没有对机器的相关描述。要知道，机器什么样子、操作原理是什么，这恰恰是读者最感兴趣的内容。

组照《学校门口饮食卫生吗?》，两幅照片都是学生在小摊上买小吃的中景，画面雷同，缺乏结构性。组照的每幅照片的画面应该有明显区别。

10月24日

《霍岱珊荣膺公益之星》说的是一位关注淮河的环保者,被誉为"淮河卫士",人物很有新闻性。不足之处是该文没有交代人物的基本情况,读者因此难以对人物的作为进行价值判断。

10月25日

二版的《张海迪印象记》与五版的《残疾车手黄河岸边展绝技》两篇稿子都是从"两岸三地残疾人驾车神州行"这一活动引发出来的,然而在版面处理上却毫不搭界,未能整合。S报则是将这两项内容组合报道的。

10月26日

《开封:"绿卡"在手发展无忧》,是说22名企业负责人持卡可得到行政部门的便捷服务,但却未交代清楚"绿卡"是根据什么发的。读者不清楚这一点,就很难了解实行这项措施的意义。不要以为记者明白的事情读者也一定很明白。

小通讯《奖地》缺少时间要素。

10月27日

组稿《秸秆本是宝,劝君莫再烧》缺乏新闻性。秸秆利用已经是普通常识,不新鲜。

某新闻版整版18篇稿件,17条是河南新闻,却安排了1篇北京新闻《曹雪芹故居将复建》,很不协调。这可能是稿件不凑手的缘故,但无论何种原因,这都是不适宜的。

10月28日

《十届全国人大常委会第十八次会议闭幕（引题）公司法证券法个税法通过修改（主标题）》，这一标题没有将与民生有关的重要内容提炼出来，那就是"个税起征点明年调至1600元"。

《三门峡东引西进脚步铿锵》，"脚步铿锵"一词很抽象，不适宜作新闻标题。

《我的青春，我的职业生活》是一组有关青春职业感受的访谈稿，可读性很强，但缺乏时宜性。此类内容适合在五四青年节前后刊发。报纸副刊选题要有时宜性，否则就雷同于杂志了。

10月29日

一版有两篇报道成就的数字新闻，上半部刊发《我省农村公路建设提速，沥青水泥路里程全国第二》，下半部刊发《前三季度我省工业增速全国第四，首次进入全国第一方阵》，此类数字新闻可否整合为一个专栏？

11月1日

本期刊发了9个整版的"省委七届十次全会解读"，有创意。不足之处是二版总标题下三个分标题的逻辑关系混乱：第三个分标题《建议稿我们能从头到尾背出来》比前两个分标题的字号明显偏大，字体也不一样，从形式上看，形不成并列关系。

11月2日

理论专访《转变，重在要素培育》的段落过长，仅末尾一段就有36行，不易读。

11月3日

《食品安全，岂容儿戏？》，标题是肯定语气，不该用问号。

11月4日

《田贵荣捧回"福特"环保奖》是简讯,仅仅做成获奖消息很可惜,因为这个人物很有特色,她作为环保志愿者组织了黄河污染调查活动,定有许多生动的故事可写。

11月5日

《文化"韩流"一点儿也不寒》是分析性报道,将消息《韩国文化观光图片展暨电影周开幕》当做该稿的"新闻背景",这种组合很别扭。主稿中已有开幕消息,再另外刊发一篇开幕消息,不如整合为一篇稿子。

11月6日

照片《昨日大雾锁中原》采用的是新华社稿件,不理想。像此类身边发生的简单事情,不需要深度,也不具有采访难度,最好用自采的稿件,否则有损媒体自身形象。

11月7日

《访国资委研究中心主任》通篇是被访者的谈话内容,而没有记者的问话,缺少"访"的意味,更像消息,而不是访谈。要注意写作形式。

11月8日

《产业化运作保护"城市根"》报道的是某地保护文物、开发旅游的事,但文题不符,文中仅仅介绍了投巨资维修的情况,根本看不出是怎样"产业化运作"的。

11月9日

《中美纺织品协议终于达成了》的导语拉杂,易读性较差。例如,开头就提到两国贸易代表的很长的职务和名字,很琐碎,其实这对读者来说,并不是最关心的内容,完全可以放到后面交代。例如文件的名称也很长,有34个字,这其实在导语中可以用记者的叙述语言来代替,改为"就纺织品贸易签署了一项备忘录",这样就可缩短句子了。文件的正式名称可以在后面叙述。

《"零点调查"细评郑州"环境五项"》,就事论事,仅仅将调查结果罗列出来,却没有揭示出事件的深层含义,即郑州市政府首次委托民间调查公司评估本地投资环境,充分显示出政府的自信和雅量。比较起来,S报就略胜一筹,反映了事件的实质。S报的标题是《请外脑评估郑州投资环境和政府服务状况(引题)政府买批评,河南头一回(主标题)》。

11月11日

《小心磁条信息失效(引题)银行卡、手机不要放在一起(主标题)》不像消息标题,而像是生活知识稿的标题。消息标题理应突出新闻事实。例如该消息的标题可改为《卢女士的银行卡磁条为何失效?》。

11月12日

一版和二版各有"领导会见"、"经济简讯"的内容,若能归类,加以整合,就会显得更有条理。

11月16日

《访龙永图》在交代采访地点时,提到"在某某大厦四楼会议室对他进行了专访"。在这里,"四楼会议室"不具有特别的意义,没必要交代。对读者来说,知道是在"某某大厦"就够了。

思考:新闻讲究精确,但精确到何种程度,值得考虑。

《王某为何被羁押31个月?》的叙事方式有点像法律文书,比较枯燥、拖沓、沉闷,缺乏易读性。

11月17日

《经济新闻》版本来都是本地消息,却插入一篇新华社的外埠简讯《长虹正式"入主"美菱》,这就显得不很协调。这可能是临时补白之用,但也不能因此而不讲章法。

每日天气预报图表刊发在该版,有个问题应注意:该图表的版次并不固定,有时安排在要闻版,有时安排在《河南新闻》版,而且时有时无,缺乏规律。最好固定版次、版位,固定时间,以方便读者查找稿件。

11月18日

《全国部分省市政府公交企业签署〈郑州宣言〉(引题)要求先发展城市公共交通(主标题)》,这一标题有两点不足:①引题较长,也不鲜明,不如D报标题的"131个城市的公交企业"之说。②主标题没有新意,角度也不对。优先发展公交,是尽人皆知的道理,也是社会的一贯倡导。该消息报道的主体是政府和公交企业,他们是响应者,所考虑的应是如何做好的问题,而不是要不要优先发展公交的问题。因而,主标题应该是围绕"积极构筑城乡公交体系"做文章。

《用阳光下的尺子量出好干部》一稿在观念上存在缺陷。例如说"竞争上岗后最年轻的正处长42岁,比原来最年轻的正处长年轻了9岁"等,这种单纯以年龄论干部的说法有些偏颇。

《我省拟出台〈意见〉拆除不平等门槛(引题)外来户将享受更多市民待遇(主标题)》,这是省政府提交有关会议讨论修改一个文件的消息,文件能否通过,何时能实施,都是未知数,怎么能肯定地说"外来户将享受更多市民待遇"?

《8种腐竹您别买》公布了一批不合格产品名单。此类消息经常有,如果开设一个专栏,就叫《不合格产品曝光台》,将此类稿件加以整合岂不更好。

《14岁少年的生命账单》是一名患白血病少年无钱治疗的长篇报道,此类报道已有许多,并且角度雷同,已经不具有新闻价值。

11月19日

简讯《我省首批进藏新兵昨日启程》报道的多是送行领导的讲话,却看不到新闻主角——进藏新兵的活动踪影。这种忽视新闻主角的陈旧报道理念要更新。

11月20日

《首届河南文化遗产日期间(引题)免费参观河南博物院有限制(主标题)》,这类稿件属于信息,虽有服务性,却不是新闻,怎么处理能更为得体?思考:可开设一个民生服务专栏或者专刊,专门发布这类信息,一是能够满足读者的信息需求,二是能够与新闻稿有所区分,显得很有章法。

11月21日

照片"一对身着民族礼服的新人乘坐花轿举行婚礼"的说明中"新郎向新娘表示,传统婚礼让他们格外自豪"的说法不妥。习俗无优劣之分,与"自豪"一词无关。

11月22日

《电话计时计费准不准?(主标题)质检部门将及时公布监

测情况(副标题)》,这与《中国青年报》同日所刊发的新华社的消息完全不同,相对事实滞后。《中国青年报》说已经有了结果,标题是《河南话单差错率曾超标千倍(引题)电信运营商一年至少多收上亿元(主标题)》。

11月23日

《新密:地头水柜灌良田》,标题交代的是既往的事实,而没有将最新事实点明。从文中看,今年新建4300多个水柜,已累计达到1.5万个,这等于说,建水柜的事实早就发生,已是旧闻。最新的事实是"新建4300多个"。

《何琳获艾美大奖》稿件有两点缺陷:①新闻主体本来是何琳,但在稿中却变成了杨澜。开头便说杨澜任晚会主席,尔后才提到何琳获奖,接着又是杨澜对何琳的评价。②对此奖项未作背景交代,使读者看不出该奖项有什么价值。

11月25日

《国际副刊》版刊登的《睡前莫忘给孩子讲个故事》、《10大秘诀教你更快乐》等稿子,内容有些轻飘,与政经大报的风格不很协调。

11月27日

《全省文博景点共迎接游人近百万人次》,标题中"共"字运用不当。这是总括性的词汇,但活动还在进行之中,这仅仅是首日的数字,最好不用这类总括性的词。标题可否改为《全省文博景点首日迎客百万人次》?

11月28日

《济源:路网升级,愚公出山》文中没有交代"当地是愚公的故乡",因此使得稿件的新闻价值打了折扣,成了乡村公路建设的一般动态。不要以为读者什么都知道,必要的背景交代不可少。

11月29日

简讯《建筑模型奥赛我省夺魁》通篇是奖项的情况,而对"获奖模型什么样"、"为什么会胜出"等读者关心的情况却一点也没交代。

11月30日

本期的有关"第一"的新闻较多,例如二版的《郑大新增博士点居全国首位》,六版的《河南造农作物全国领先》、《我国展览项目位居世界第二》。此类稿件有点集中。

《在公平的舞台上演绎精彩(主标题)新政策新举措鼓励发展民营文艺表演团体(副标题)》属于政策类报道,内容比较硬,不适合刊发在娱乐新闻版,最好刊发在时政版。

12月1日

今天有几篇稿件分类不准确:①《三个家的漂流人》报道了一位海员娶了外籍妻子,属于生活故事类,不宜刊发在《经济新闻》版;②《〈回忆父亲胡耀邦〉出版》一稿,是政治性较强的书讯,与娱乐并不相干,不宜刊发在娱乐新闻版。

12月2日

《河南中医学院公布三项艾滋病防治研究成果》,标题与内容不符,主要是对"成果"这一概念表述含混。①导语说是公布了防治研究进展情况,并没有说已经取得成果;②第二段说"对2000人进行了调查……研究结束后,成果将作为行业标准颁布",可见尚未取得成果;③第三段说"采取中医药早期干预治疗方法,达到使病人长期不发病或是推迟发病的目的",这并没有交代清楚是运用了已有的新方法,还是自己取得了成果;④第四段说"该研究所利用艾灸的非药物疗法,选中强身止泻要穴抑制腹泻",这也看不出是利用了别人的成果还是自己取得的成果;⑤这三项成果是业界的成果,还是河南中医学院的成果,文中也没有交代。

12月3日

《18个省辖市全部建成农产品质检中心》的"建成"一词,容易产生歧义,使人误以为"省辖市都成为质检中心"。应改为"建起"。

12月5日

照片《电视剧组进俺村》的说明中没有交代是哪里的剧组在拍摄,要素不全。另外,主打照片只有一群孩子在跑,缺乏特定的场景,使人不靠说明看不出是在干什么。

12月6日

《第二批省示范性普通高中确定51所》详细罗列了名单,这属于信息稿。要成为新闻稿,还必须对原生态的信息材料进行梳理,并揭示其隐含的意义。

12月7日

消息《郑汴快速通道开工》配了一幅照片——开工典礼的热闹场面,这其实不是读者最关注的内容。读者最关注的是这条线路的情况,若能配发一幅地图,效果会更好。

《忍心代领死亡民工保险金》时间交代有些混乱。例如第一段叙述2003年的事情,第二段开头则是"11月21日下午,一见到记者……"据推测,第二段交代的应该是2005年的事情,却没有点明2005年,这容易使人误以为仍然是2003年的事情。这是在写作时缺乏整体把握。

12月9日

《河南人舍己救人再次感动深圳》写的是6月发生的事件,距今已有半年,时效太差。导语写作也有缺陷。导语叙述的是另外一个救人事件,其实是背景材料,目的是进行映衬,但这样写显得很拖沓,也使得读者乍一看误以为就是主体新闻。总之,这是将背景材料放错了位置。

12月12日

《与神六等并列(引题)招徕河工程获国家创新大奖(主标题)》刊发在《河南新闻》版上,但与河南联系不多。①工程是在湖北境内;②承建单位是水电十一局,文中仅说该局的前身是三门峡工程局,可是单位现在何处,没有交代。

12月13日

一版《某某主持召开省政府常务会议强调,整治砖瓦窑场,推广新型材料》与四版的《明年起占耕地生产实心黏土砖,不行》的消息源自同一会议,报道的也是同一件事,没必要分拆成两篇稿子。即使分拆,也最好组合在一起。

12月14日

《2005年中国企业领袖年会观察(引题)全球商业圈的中国年轮(主标题)》是整版的会议发言摘要,自然主义的,缺少对信息的整合和解读,使读者无法迅速了解会议的概貌和重心。这似乎不符合纸质媒介对信息处理的要求。

12月15日

《严格审查,取消考试,清退学籍(引题)"三拳"打向"高考移民"(主标题)》,主标题情感色彩不对。高考移民问题不属于敌我矛盾,不能受用这么"狠"的词。

12月16日

通讯《在希望的田野上(主标题)鹤壁千名大学生乡村燃烧青春激情(副题)》,主标题是虚的,副题就不能再虚了。

《张中良:对话梦想》报道了一位务工者的成长经历,其中说他不安于现状,有这样几句话,"总不能一辈子干体力活吧","总不能一辈子给别人打工呀",这种说法有失偏颇,某种程度地否定了体力劳动者和打工者。

短讯《黄河试演应对重大水污染》,缺乏演习场景等鲜活的内容,仍属于传统的工作报道模式。要知道,演习现场的情况才是读者最感兴趣的。思考:缺乏现场感,是许多报道不够生动的原因之一。记者到现场去,花费的时间和精力都比较多,要使记者的付出与收益成正比,还要设计相应的考核制度。

12月17日

《年底前完成煤炭铝土矿资源整合》的表述像是照搬文件,抽象,也不流畅,不像新闻语言。

12月18日

一版并列刊发四篇短讯,前三篇都没有署名,仅在最末一篇署名"均据新华社"。问题是,这四篇稿子没有组合的标志,既没有栏头,也没有框线,因而这个署名是串不起来四篇稿子的。

12月19日

《我省对发达国家取消棉花补贴反应积极》,导语说"这一消息让棉花大省河南欣喜不已",这有点以偏赅全。从文中看,仅有两个人谈了自己的观点,并未有面上的情况。

12月20日

《某某的十一五规划》,这一说法不妥。村里的规划应该是集体决策,怎能说是村支书个人的规划?这体现了一个有无民主决策观念的问题。标题可否改为《某某谈本村十一五规划》?

《焦作医疗事故异地鉴定》导语说"焦作医疗事故异地鉴定会在新乡市举行。鉴定会后,医患双方和专家组对这种鉴定形式均表示认可"。这很含混,不知指的是工作会议,还是个案鉴定会,看下文也弄不明白。

评论《莫让恶俗再麻醉国人了》批评了不文明行为,包括批评不文明语言,但文中却使用了不雅语言,例如:"笔者还曾看见一个人模狗样的年轻男子在马路边小便!"年轻男子固然不文明,但也不是坏人,不宜用"人模狗样"来形容。

12月21日

照片《魅力河南迎来第一亿个游客》使人想到,这里面有许多故事可以发掘,例如第一亿个游客是怎样产生的?这位德国游客为什么选择到河南?等等,但这里只有浅层的单一的发掘,信息源未得到充分利用,可惜。

评论《如此惯例当禁》是批评公交公司为员工亲属提供免票之事,主题涉及公共服务部门的权限问题,与"财金"问题不相干,刊发在《财金》专刊是不协调的。

12月22日

《黄涛:生就一颗奋斗的心》报道了主人公在谈到自己由于爱学习,从混凝土工成长为公司副总、法律顾问的经历时说:"如果不那样的话,或许我现在还是只能靠纯粹的力气吃饭。"这种说法变相否定了体力劳动者,给人的感觉是"唯有白领高"。

12月23日

通讯《太行红叶——记全国拥军模范、绿化模范、劳动模范靳月英》叙述了人物50多年来的事迹,像是事迹汇编,不像新闻稿。新闻稿,应该是重点写现在的新情况,写一个片断,将过去的事迹作为背景材料,一笔带过。何况,靳月英是一位老模范,对她过去的事迹没必要再从头详细报道。

《我省攻克无土栽培技术难题》文题不符。文中仅提到记者于12月21日见到这项成果,但对这项成果取得的时间却没有交代。成果如果不是今年取得的,那只能说"目前正在应用该项成果",而不能像标题所说的"攻克难题"。另外,既然在文中说该成果是中国农科院等单位联合攻克,又怎能在标题中说是"我省攻克"?准确的说法应该是"在我省攻克"。

12月25日

《中国农民明年彻底告别"皇粮国税"(主标题)废止农业税条例议案提请十届全国人大常委会审议(副标题)》主标题不准确。废止农业税条例议案仅是提请审议,还要等待表决,在法律上,"农民彻底告别皇粮国税"的事实尚未形成,主标题怎能如此肯定?

12月26日

一版《视觉新闻》专栏有两幅照片,其中一幅署名"本报资料照片",既然是配合文字的资料照片,不属于新闻照片,就不应该划归《视觉新闻》专栏。

《老知青碰头话当年》报道了60多位郑州籍老知青开座谈会的情况,但缺乏必要的背景交代,未交代座谈会是自发组织的,还是由哪个部门牵头的。这些情况不清楚,读者就难以判断座谈会的价值和意义。

12月27日

《室内植物冬季如何不感冒》,属于生活常识,不宜刊发在新闻版,而适宜刊发在生活类专刊。

12月28日

《发改委人士解读十一五规划之新》所解读的本省十一五规划,并不像导语说的"透露出许多新信息",所介绍的都是与中央的规划共性的内容,例如"由主要依靠物资消耗转到主要依靠人力资本和科技进步上来"等。另外,导语中"即将出笼的我省'十一五'规划纲要"的"出笼"一词使用不当。《现代汉语词典》的注解是:出笼,比喻坏的作品发表或伪劣商品上市等。

12月29日

消息《断航30年,沙颍河昨日复航》配发的两幅照片,都是船闸的局部画面,表现不出事件的特点,难以印证该航线开通的价值。假如将其中一幅照片改为地图,使人看到航线的地理位置,事件的价值就一目了然了。

《合唱交响乐〈朝阳沟〉亮相》是一篇只有8行字的简讯,上方为同一内容的照片,为何不改为照片说明与照片连为一体呢?

12 月 30 日

娱乐评论《看景不如听景》中的"公鸡嗓张某某"之说,对演员不够尊重。

12 月 31 日

《而今迈步从头越》不适合做理论稿标题。理论稿要具有理性色彩,要明确传达观点,标题不宜使用抒情语言。